大人のケンカ必勝法

論争・心理戦に絶対負けないテクニック

和田秀樹

PHP文庫

○本表紙図柄＝ロゼッタ・ストーン（大英博物館蔵）
○本表紙デザイン＋紋章＝上田晃郷

文庫版のためのまえがき

本書は二〇〇二年の十月にPHP研究所から出された『他人に言い負かされないための心理学』の文庫版である。

本書が出た頃から、「勝ち組」「負け組」ということばが頻繁に用いられるようになり、その格差が広がり、それこそエコノミストの森永卓郎さんが主張するように、一〇〇人のうちの一人の勝ち組は年収一億円をこえるが、九九人の負け組は年収三〇〇万円に甘んじないといけないという将来予測が現実味を帯びてきた。

そんな時代に生き残っていくには、企業内であっても「ケンカ」をしないといけないし、勝ち残りのためには戦略的に生きていけないと、結局「負け組」に入れられてしまうという風潮が強まっている。

そういう点では、本書を出した当時以上に、本書の必要性が高まっていると信じているが、別の面でもほかの「ケンカに勝つ心理学」の類書とは趣を変えたつもりである。

それは対人メカニズムや認知上のバイアスを利用してケンカに勝つとか、あるいは論理思考によってケンカに勝つというような、心理学を真っ向から利用して勝つだけでなく、もう少し長期的視野にたった、つまり会社で生き残っていくため、勝ち残っていくための心理学を考えた点である。

たとえば、自分の問題としてケンカができないために損をしている性格改造のためにはどうしたらよいかや、ケンカに負けても生き残る方法など、実際に起こりそうなことを踏まえて、長い目で見てのケンカの勝者になる方法に触れているのだ。

それ以上に、私が強調したいのは、ケンカをして相手の恨みを買わないことや、ケンカをする際にギャラリーを味方につける方法など、ケンカが終わってからのことを重視した書き方にしたことだ。

生き残るためにはケンカが必須のものになっている時代だからこそ、ケンカのあとでの人間関係や感情面の変化を重視する必要がある。ケンカをしないでいい時代であれば、この手のことはそれほど心配は要らなかったが、それが必要である以上は、どうしてもケンカは人間関係や感情に影響を及ぼすからだ。ケンカに勝っても、人間関係を悪くすれば生き延びていけないし、逆にケンカに負けても周囲が味方になってくれれば将来的にケンカに勝つことになる。もちろん、ケンカに勝ちながら、周囲の味方が増えるのが理想なのは言うまでもない。

もちろん、本書の第1章で論理的に負けない心理学を提唱しているように、一般的なケンカの勝ち方を伝えているのは言うまでもないことだが、私は一番望むのは、日本人が慣れていないケンカというものについての考え方を変えてもらうことである。

本書がその一助になれば著者として幸甚このうえない。

末筆になるが、本書のような過激な、また新奇な本の文庫化を引き受けてくださり、編集の労をとっていただいたPHP文庫出版部の太田智一氏にはこの場を借りて深謝したい。

二〇〇四年七月

和田秀樹

まえがき

日本人はケンカが下手だとよく言われる。

たしかに外交場面などを見ていても、アメリカだけでなく、アジア諸国からも弱みを攻められては譲歩する一方である。

国内の政治論争を見ていても、水掛け論や野次合戦に終わり、最終的には根回しでつくったシナリオどおりの結末ということも珍しくない。

しかし逆に言うと、この日本という国では、これまではケンカをしなくても生き延びていけたし、むしろ根回しが上手でケンカをせずに済むような人間が生き残るといった文化があった。ケンカをどうするかというより、人心掌握術や根回し術に長《た》けたほうがよいと考えられ、そのテクニックを学ぼうという人が多いためか、この手のノウハウ本は書店でも数多く見かける。

しかし、最近は明らかに事情が変わってきている。

成果主義、競争原理、実力主義が高らかに謳われ、情実による昇進や根回し、談合文化は激しく否定される。企業社会のなかでも「勝ち残り」が要求されるし、企画の提案も「コンペ」が原則である。なあなあの会議では許されず、激しい議論が求められる。

結果的には、いわゆる「ケンカの強い」人間が生き延びる。相手を論破してでも自分の企画を通し、社内での改革を主導し、仕事の成果を自分のもののように見せる。これまで「はぐれ者」「イヤな奴」と思われていた人間が、急に強くなったとも言えるだろう。そして、年功序列人事が崩壊した今日においては、まさに彼らがリーダーシップをとらんとしている。

逆に「ケンカの弱い」人間には生きにくい世の中になったのも事実だ。ケンカで負けると、企画は通らない。冷や飯を食わされる。それどころか、泣き寝入りをする奴だと見られたら最後、自分の成果を横取りされたり、他人のミスの責任を押しつけられかねない。

本書は、そういうケンカに自信のない人間に、大人のケンカのテクニックを、精神医学や認知心理学の立場から伝えるための本である。

ここで私が強調しておきたいのは、大人のケンカというものは、さまざまな要素を持ち合わせていないと勝てないということだ。

能力競争の時代になっている今日においては、情報の収集能力や問題解決能力、論理性などを備えていないと、社会人としてのケンカに勝てない。能力主義、成果主義の土壌では、ケンカに勝つということはとりもなおさず高い能力の指標とされるのだ。

その一方で、ケンカというのはメンタルな側面の強いものである。気が弱い、不安感が強い、先のことを考えすぎているというような人であれば、せっかくの情報収集能力や問題解決能力が使えない。それどころか、ハゲタカのような同僚から、自分の手柄を奪われることにすらなりかねない。

他方、いくら能力主義、成果主義の世の中でも、ケンカというのは人間同士のなかで起こっているということがある。客観的に正しい答えであっても、必ずしも相手を説得できて、ケンカに勝てるとは限らない。ましてや、さまざまな企画やアイデア、提案のように客観的な正解のないものについては、なおのこと他人に対しての説得力が要求される。そのための対人関係能力や共感能力も、実はケンカにとっては大切な要素である。

私はかねてより、実力主義と対人関係重視は二律背反ではないと考えている。これは、私の能力開発についてのさまざまな著書でも繰り返し論じてきたことであるが、その両方を身につけることで人間の能力は完成する。そういう人間が大人のケンカに強いのは言うまでもない。本書が他の類書（あまりないかもしれないが）と比べて実用的であると自負できるのは、どちらかを過度に強調せずに、この両方の側面をカバーできるようにした点である。

さらに、企業内などにおける大人のケンカを考えると、あくまでも大切なのは結果ということになる。つまり、成果が上がらないといけない、結果を出さないといけないというだけでなく、ケンカによって恨みを買う、禍根を残す、不必要な敵をつくるなどということがあれば、結局自分が損をするのである。あるいは、ケンカには負けはつき物だが、上手に負けることができれば致命傷を負わなくて済むし、負けを目立たせずに済む。あるいは、むしろ周囲の同情や評価を得ることさえある。そういう生き残りの術を見つけることも、実は大切なケンカのテクニックなのである。

このようにケンカというのは、われわれ心理屋にとっても難題といってよい複雑な心理がからみあうものである。だからこそ、心理学や精神医学の世界で生きている人間でも、日常生活でのケンカでは必ずしも強いとは言えないのだ。

しかし、いくつかヒントを提供することはできると私は信じている。そして、こういうことを知らないより知っているほうが、厳しい競争社会のなかで不安も少なくなり、また実際ケンカに巻き込まれたり、ケンカをしなくてはならなくなった際に有利であるのはたしかなことだ。またケンカに限らず、人間関係や論理性を磨くためにも役立つだろう。

とくに、自分はケンカに弱い損な性格だと思っている人は、多少なりとも自分の特性を理解し、生きることがラクになるはずだと私は信じている。

いずれにせよ、「ケンカ」という言葉の響きから、それが自分とは無縁だと思わずに、本書をきっかけに自分の生き方を考えて、あるいは多少なりとも行動を変えるきっかけとしていただければ、著者として幸甚このうえない。

和田秀樹

二〇〇二年八月

大人のケンカ必勝法
論争・心理戦に絶対負けないテクニック◉目次

プロローグ
“ケンカ”に勝てないと生き残れない時代がやってきた

第1章 論理的に負けないための心理学

第2章　ケンカに弱い性格から脱却する

第3章 相手を納得させ、説得し、味方につける

第4章 相手の弱点を突き、感情的にし、自滅させる

第5章 ケンカに負けても生き残る方法

第6章　相手の恨みを買わず、勝ちを有効に生かす

本文イラスト　津田蘭子

プロローグ

“ケンカ”に勝てないと生き残れない時代がやってきた

✸なぜケンカに勝つことが必要なのか

「ケンカに勝つ」というと、殴り合いをして勝つことをイメージされるかもしれないが、本書で私が述べようとしているのは暴力的なケンカのことではない。ビジネス社会でのケンカの話だ。それは、議論に勝つ、社内外でのライバルとの競争に勝つ、仕事ができる人間に見せて優位に立つ、自分の味方を増やして戦う、上司に対してでも言うべきことははっきりと主張する、というような意味でのケンカである。

なぜいまケンカを取り上げるかというと、以前よりもケンカが必要な時代になってきていると感じるからである。

かつてのような右肩上がりの時代には、どの会社も成長することができ、ポストも給料も上がっていった。そこで働くビジネスマンは年功序列で誰もがほぼ一律に出世していくことができた。しかし、いまは会社の成長が止まって、ポストも給料も下がっている。その状況を打開しようと、多くの企業で成果主義や若手登用が取り入れられたため、社内での競争は激化しており、「勝ち組」と「負け組」がはっきりと分かれるようになった。勝負して勝たなければ、生き残ることができない厳しい時代になってきたのだ。

また、いままでなら上司の言うとおりにやっていれば大過なくビジネスマン人生を終えられたかもしれないが、もはやそういう状況でもない。会社のためにならないことや社会規範に反することを上司から命令された場合には、はっきりと「ノー」と言う必要が出てきている。「ノー」と言えずに賛同したかのようにふるまってしまい、あとで大変な目に遭うというケースも増えた。

最近の企業の違法行為事件を見ても、あるいは医療現場での医療ミス事件を見ても、世間の目は以前と比べてはるかに厳しくなっている。「上司の命令だったからやりました」というのは言い訳としてまったく通用しない。それどころか、上司に逆らえなかった部下のほうも逮捕されたり、社会的な制裁を受けたりしているくらいだ。

心ならずも犯罪に荷担するというようなケースは少ないにしても、一般的に危機感のない上司の下で働いている人は、上司に従っていると自分まで「負け組」の一員になってしまうことが十分にありうる。会社が傾いてから「あのとき、もっと強く自分の意見を主張しておくべきだった」と思っても、あとの祭りなのだ。

こうした流れを受けてか、一部の会社では取締役会の議論の様子も変わってきているという。株主代表訴訟で訴えられることを恐れて、取締役会で「私はこの議案に反対したということを議事録に記入しておいてください」と言う取締役が出てきているそうだ。自分を取締役に選んでくれた社長の言うことにすら、場合によっては反対を貫かなければ身を守れない時代なのだ。

もはや奥ゆかしいだけでは、ビジネス社会でやっていけない。あえてケンカをふっかける必要はないが、自分の意見をきちんと主張し、何らかの争いや議論で勝たなければ生き残れない時代になってきているのだ。

このごろは、企業内だけではなく、世の中全体が「なあなあ」では済まされない状況になってきたと私は感じている。

国会などでも、昔は国会対策委員長というようなポストの人たちが根回しをし、〝寝わざ〟で法案を通すことがよしとされていた。野党との根回しがうまい人ほど「実力者」と言われていた。ところが、現在はTV番組で政策論争が取り上げられることが多く、国民も政策そのものを注視するようになってきている。根回しで勝つことよりも、議論して政策の中身そのもので勝つことが重視される時代になったようだ。

つまり、従来型の外堀を徐々に埋めていくというような根回し型の戦術ではなく、正統派とも言うべき正々堂々とした戦術が必要になってきていると言えるのだ。

もちろん、私は根回しが不要だとは思っていない。根回しも勝ち抜くために重要な手法であることは間違いない。しかし、根回しだけで勝てる時代でなくなってきていると言いたいのである。アイデアそのものや、議論それ自体で勝てるような正統派ケンカ術の方法論を知ったうえで、根回しも行なえば、「勝ち組」になれる確率はさらに高まるのではないかと思う。

泣き寝入りするか否かで明暗が分かれる

ケンカに勝つことが必要なもう一つの大きな理由は、「ケンカに弱い」と相手に思われることが大きな損をもたらしかねない時代だからだ。

厳しい雇用環境のなか、職場ではリストラが進んでいるが、リストラ対象者を選ぶときには、文句を言いそうにない人が選ばれている例が少なくない。普段から、「こいつには何を言っても大丈夫だ」「絶対に逆らえない奴だ」などと思われていると、リストラの際に一番損なクジを引いてしまう可能性があるのだ。

なかには、不当に評価を低くつけたり、いじめたりして、相手を心理的に追い込んでから自主退職を余儀なくさせるケースもあると聞く。こういう場合も、自分が落ち込んだ態度を見せたりすれば、「こいつは追い込めば根負けする奴だ」などと思われてしまい、余計にいじめがエスカレートすることがある。我慢ばかりせず、ある程度は戦わなければ、自分自身が惨めな思いをすることになるだけだ。

戦うことが必要なのは、女性の場合にも当てはまる。たとえば職場のセクハラでは、「この子はおとなしいから何も言わない」と思われてしまった女性が被害を受け続けることが少なくない。法律が強化されているのだから、女性の側がもっと強気になって「これ、セクハラに当たりますよね」とか「上司に知れたり、世間に知れたりすると、クビかもしれませんよ」などと反論することも可能なはずだ。そうすれば、形勢は一気に逆転し、むしろ、上司の弱みを握るというようなことができるかもしれない。我慢できない場合には、裁判に訴えるという強い武器があるし、世間に公開するという手もある。

女性は強力な武器を持ったのだから、本来は立場がものすごく強くなったはずである。その武器を利用しないで、我慢して泣き寝入りするのはもったいないことだと思う。頑張ってケンカをしたほうが自分を守れるということもあるのだ。

離酢虎反対
夜露死苦
喧嘩上等

これは、医療ミスのケースにおいても当てはまることだ。これまでは、医療ミスに関しては患者が泣き寝入りをしているような状態がずっと続いていた。医療ミスの法的な立証責任は患者側にあるが、カルテを改竄《かいざん》されたり、医者が証言をしてくれなかったりすることが多かった。ところが、いまは裁判官もずいぶんと変わってきており、患者の立場が弱いということを考慮したうえで裁判官が味方をしてくれる例も多くなった。立証責任が患者側にあることは変わらないものの、少しでも医療側にほころびが見えると勝てる可能性が出てきたのだ。

つまり、我慢して泣き寝入りをするタイプの人にとってはとても不利な時代になっている反面、泣き寝入りをしないで戦う人にとってはかなり有利な時代になってきていると言えるのである。言い方を変えれば、泣き寝入りする人間と泣き寝入りしない人間の差がすごく大きくなってきているということだ。だから、ケンカに勝てなくてもいいけれど、少なくとも泣き寝入りはしないとか、ケンカに弱い人間から脱却するということは生き残りの術として必要になってきているように思う。

そこで本書では、どのようにしたらケンカに弱い人間から脱却できるのかということ（第2章、第5章で詳述）も含めて、正々堂々と論理で議論に勝つ方法（第1章）や、相手を納得させより多くの味方をつくる心理術（第3章）、相手を自滅させる術

（第4章）、できるだけ恨みを少なくし、勝ちを有効に生かす方法（第6章）など、人間心理に絡んだケンカの仕方をテーマにしたいと考えている。

ケンカも議論も交渉も、本質は「心理戦」

ケンカというのは、基本的には心理戦が勝敗の決め手となっていることが多い。極端な例で説明すると、一般的にヤクザの人たちというのは暴力で人を従わせているように思われているかもしれないが、実際には暴力よりも心理戦で人を従わせている部分が多い。暴力による被害に遭われた方がいらっしゃったら、たいへん申し訳ない言い方になるのでお許しいただきたいが、少なくとも頭脳派のヤクザは心理戦術をうまく利用していると思う。

たとえば、高利貸しからお金を借りて、その返済が滞ってヤクザから脅しをかけられるというケースを考えてみよう。脅されたほうは、怖くて仕方がなくなり、考え方を悪いほうへ悪いほうへと持っていくはずだ。被害届を出したいと思っても、「そんなことをしたらどんな仕返しをされるかわからない」「娘を誘拐されるかもしれない、いや殺されるかもしれない」などと悪いほうへ考えていき、結局は被害届も出さずに高利を払い続け、泣き寝入りをしてしまう。こちらが被害届を出さないとわかれば、相手はそこにつけ込んできて、さらに取り立ての口調をエスカレートさせてくる。こうして、どんどんと心理的な恐怖感を増幅させられ、そのなかから抜け出せない状態が続いていく。

本来は、法律に触れるような利息を取っていれば、訴えられれば即アウトだし、「金を返せなければ命を取る」というような言い方で返済を迫ったりすれば、それも法律に引っかかる。

ヤクザも法律のことは知っているはずだから、明らかに違法なことは避けたいと思っているはずだ。暴対法のような法律ができているので、本当に手を出したら捕まってしまうし、組が解散させられてしまうかもしれない。ヤクザからすれば、わずかのお金を回収するために大きなリスクは冒せないだろう。それよりも、相手に「怖い」と思わせ、「被害届なんか出したら、仕返しされるかもしれない」と恐れさせて、泣き寝入りの状態に追い込むほうが得策なのだ。つまり、武力行使することなく、心理的に追いつめて自滅させていくほうが高等戦術と言えるわけだ。

そもそも、相手がヤクザだとわかれば、誰でも恐怖心を感じるから、その時点ですでに心理的には不利になっていると言える。違法なことをせずに、ひたすら相手の恐怖心を増幅させる環境をつくるというのがインテリ・ヤクザが行なっている方法と言えるだろう。

やや極端な例だったかもしれないが、一般社会でも同じことが言える。たとえば、人事権を持った上司から不条理なことを命令された場合に、「逆らったら飛ばされるかもしれない」という恐怖心を持っていれば、自分の正しい意見を主張しにくくなってくる。苦手なタイプのお客様と交渉をする場合にも、苦手意識が先に出てきてしまっては、論理的に話を進められないかもしれない。相手は何もしていないのに自分から心理的に自滅していくという一例だ。

ケンカにせよ、議論にせよ、交渉ごとにせよ、いずれにしても、大人の戦いの場合は、勝つも負けるもその決め手は「心理戦」にあるといってよいと思う。

心理戦では主導権をどちらが握るかが勝負

ビジネスマンは、会社で会議に出席することが多いだろうが、会議の議論というのはまさに心理戦そのものだ。会議の結論は、心理戦で主導権をどちらが握るかということにかかっているといっても過言ではない。

たとえば、会議でA案を採るかB案を採るか議論するときに、相手の人から「こういう事実があるから、あなたの案が間違っているのは明らかだ」と責め立てられた場合、その論拠に説得力があれば周囲の人もみな、相手のほうが正しいと思い込む。そこでうまく切り返せなければ、主導権は相手が握ったまま、相手のペースで議論は展開されていく。

そんなときに、具体的な反証の例を挙げて、「いや、このように私の案でうまくいっている例もあります。私の案が明らかに間違っているというのはおかしい」と切り返せば、主導権がこちらに移る可能性も出てくる。

相手の人がさらに徹底的に責め立ててきたときには、たとえ議論そのものでは形勢不利でも、周りの人から「あそこまで言う必要はないだろう」とか「あんな言い方をされてはかわいそうだ」と感情的に味方してもらえるように持っていく方法もある。周りの人、つまりギャラリーを味方につけるということも重要な心理戦の一つだ。

ギャラリーを味方につけることがうまかった人の例として、田中眞紀子元外相が挙げられるだろう。田中眞紀子さんと外務省の対立では、彼女の言い分が必ずしも正しかったわけではないのだが、ギャラリーである国民は「外務省が田中眞紀子さんをいじめている」「眞紀子さんを追いつめるために、外務省は外交機密をリークしているんじゃないか」などと、田中眞紀子さんの味方をした。議論の内容そのものではなく、ギャラリーの心理をつかむという点で、外務官僚より田中眞紀子さんが勝っていたと言えるだろう。

心理戦術というのは、自分が不利な状況のときだけではなく、自分が相手を攻める有利な立場に立ったときにも重要だ。優勢になったのをいいことに、ただやみくもに攻めていては戦い上手とは言えない。相手がどんなことを望んでいるのだろうかということを想像しながら、相手の心理ニーズに合った言い方で議論をしたほうが、より確実な勝利に近づく。そのほうが、相手が自分の意見に納得してくれる可能性が高まってくるからだ。一番理想的な勝利というのは、相手をねじ伏せることではなく、相手に納得してもらうことである。

対立が深まってきて最終的な落としどころを探るときにも、心理戦が決め手となる。一番望ましいのは、自分が主導権を握って優勢な状態で、相手が困っていそうなときに自分のほうから和解を提案することである。そうすれば、決裂しないで済むし、自分にとって非常によい条件で折り合える場合が多い。これもやはり心理戦の一つと言える。

こうしたさまざまな局面での心理戦に勝ち抜くためにも、心理学の基本的な考え方を知っておくことが重要だと思う。

✸下手に恨みを買わず、余計な敵をつくらない

二〇〇一年九月十一日の米同時多発テロ事件の際には、世界中の多くの人が嘆き、悲しみ、死傷者の方々に哀悼の意を捧げた。しかし、残念ながらその一方では、「アメリカ、ざまあみろ」という感情を持った人たちが世界中にたくさんいたということも明らかになった。それまでのアメリカの中東政策やグローバリズムなどが、アラブ諸国をはじめ多くの国の人から恨みを買っていたのだと指摘する人もいる。

たしかに、一九九〇年代以降のアメリカは、湾岸戦争では世界のリーダー的な存在としてふるまい、紛争地域に対しては空爆を加えて制圧してきた。また、経済面でも一九九〇年代はアメリカがすべての覇権を握る形でアメリカン・スタンダードを世界中に普及させ、勝利を収めたかのように見えた。だが、その裏側で、空爆地域の人たちや経済グローバリズムを押しつけられたと感じていた人たちの大きな恨

みを買っていたというのも事実だろう。

勝負というのは、そのときに勝つかどうかということだけではなく、あとあと恨みを残すかどうかということも大きなポイントだ。ケンカに勝ったけれど遺恨が残ったというケースだと、その後、どんな形でしっぺ返しが待っているかわからない。

外務省に強い圧力をかけたとされる鈴木宗男元議員のケースも、その例かもしれない。鈴木議員は、外務省に自分の意向をかなり受け入れさせてきたわけだから、形のうえでは外務省の高学歴エリート官僚たちに勝ったと言える。しかし、そのやり方が恨みを買うようなやり方だったのか、あるいは報道されているように恫喝まがいの言い方だったためか、形勢が悪くなったとたん、密告によって機密文書などが次々と公開され、最終的にはそれまでの行為を外務官僚たちにまったく否定されてしまった。

一見勝ったように見えても、ほころびが出始めたとたんに一気に攻め込まれるというような勝ち方は、本当の勝ち方とは言えないだろう。むしろ、「大人のケンカには負けた」と言ってもよいくらいだ。

その意味で、大人のケンカにおいては、人の恨みを買わずに勝つための心理手法を知っておくことがとても重要になる。

同時多発テロ後のアメリカは、できるだけ世界の人から恨みを買わない形でテロ組織に報復するために、大規模な情報戦を行なった。

報道機関は、悲しみにくれる遺族の姿を大写しにし、アメリカ国民全員が悲嘆にくれている状況を報道し、世界中の人がアメリカに同情するような環境を作り上げた。

それらの報道にうまく乗る形で、大統領や政府関係者がワールド・トレード・センターに勇敢に飛び込んでいった消防士たちを讃《たた》え、「彼らのように自己を犠牲にしてでもテロと戦うことがすばらしいことである」という価値観を世界に広めようとした。

こうして、テロ組織を支援したとされるアフガン攻撃に対して、世界中のどの国も心情的に反対できないような状況を作り出したうえで、各国に協力を求め、攻撃を開始した。大規模な情報戦によって、戦争への賛同者を増やし、恨みを少なくするような方法をとったと考えられる。

アフガン攻撃によってアメリカがさらなる恨みを買っている可能性もあるだろうが、少なくとも恨みを買わないようなやり方を望んでいたというのはたしかなように思える。逆にイラク攻撃の際はそれをきちんとやらずに押し切るような形で攻撃を開始したから戦争に勝ったが、イスラム世界だけでなく、世界中でアメリカの敵を増やしてしまった。

いずれにしても、戦争をする場合においても、ビジネス社会で議論や交渉をする場合においても、勝ったあとで恨みを買わないように相手の心理をいかに読むかということは大きなポイントの一つだ。そのためにも心理学的な数々の手法を身につけることが役に立つと思う。

とはいっても、本書ではごまかしの術のような細かいテクニックを述べるつもりはなく、多くの場面で通用するオーソドックスな心理学を基本に説明したいと考えている。

ただ、あらかじめ一つだけお断りしておかなければならないのは、私自身は議論の場で必ずしも連勝しているわけではないということだ。『朝まで生テレビ！』『たけしのTVタックル』『ここがヘンだよ、日本人』などの番組に出演したときに、冷静さを失ってキレかかったり、ガンガンと自己主張をしてしまったりして、視聴者の不快感を誘っていることもある。教育問題や高齢者問題に関しては、自分のなかに相当なデータが蓄積されているという自惚《うぬぼ》れのようなものがあるため、準備不足で雑な議論をしてしまっているところもある。お恥ずかしい限りであるが、そういう意味では、本書では私自身の反省も込めて述べている部分があることをお許しいただきたい。

第1章

論理的に負けないための心理学

✸議論のテクニックで勝つ前に、「答えの正しさ」で勝つことを目指す

社内でのケンカに勝つには、いろいろな方法があるが、本章ではまず論理的に負けないようになる方法を考えてみたい。

これまでの日本では、社内での議論に勝つためには、根回しが幅を利かせてきた。議論する以前の根回しの段階で結論が決まっていることも多く、根回し上手な人が仕事のできる人と言われてきた。

しかしながら、プロローグでも述べたように、根回しだけで勝てるほど甘い時代ではなくなってきた。最終的には、議論の中身で勝たなければ、世の中は認めてくれなくなってきている。

では、どのような勝負をするのかということだが、基本的には、ある課題が出されたときに、「問題解決の答えとして、どちらが正しいか」という答えの正しさを競うことである。より正しいと思われる答えを選択しなければ、企業にとっても、社会にとっても、個人にとっても悲惨な結果が待っているかもしれないからだ。

日本の政治状況を振り返ってみると、問題解決法の正しさを競うよりも、根回し

によって、特定の人に利益があるような問題解決法を採用するということが多かった。その結果として、多くの国民がそのツケを払わされている。

私が本書で述べる「ケンカに勝つ（他人に言い負かされない）ための心理学」というのは、答えが正しくないものを無理やりに通すための心理学ではない。たとえ、会議の場で相手を言い負かせて自分の案が採用されたとしても、その案を実行することによって結果的に会社に損失を与えたなどということになっては、表面的に議論で勝ったとしても何の意味もないことになる。

大人のケンカで勝利を収めるということは、間違った案でも討論のテクニックを駆使して通してしまうということではなく、正しい案をみんなが納得して受け入れるということだ。極端なことを言えば、その正しい案を出すのがライバルであってもかまわないのだが、できることなら正しい案を出すのが自分でありたい。そのためにはどうしたらよいかを考えるためのものである。自分にとっても、会社にとっても、相手にとっても利益になるような問題解決案を提案し、それを受け入れてもらうことが、最も重要なことである。

ケンカをする場合の王道は、あくまでも「答えの正しさ」で勝負すること。より正しい問題解決法を選んで、より多くの人を幸せにするための方法論が、大人のケンカに勝つための心理学である。

✸豊富な知識と幅広い推論能力が説得力をつける

認知心理学の分野では、「正しい問題解決案を導き出すには、豊富な知識を用いて幅広い推論をすることが必要だ」と考えられている。たくさんの情報・データを集め、それらを用いてさまざまなバリエーションの推論を導き出し、そのなかから最もよさそうなものを選ぶということである。

まず行なわなければならないのは、幅広い情報やデータを集めること。きちんとした情報がなければ、正しい結論を導き出すことはできない。

ここで一番気をつけなければならないのは、自分に都合のよい情報ばかりを集めがちになるという点だ。人間は意識しないうちに、自分が導き出したい結論に都合のよい情報を集めることが多い。もともとの情報が偏っていると、自分が導き出す結論も偏らざるをえない。そうすると、議論の場で相手から反対の情報を示されたときに反論できなくなってしまう。相手が持っていそうな情報も取り込んだうえで結論を導き出せば、反論されてもそれも織り込み済みという対処ができる。

DATA
DATA
DATA
DATA
DATA

したがって、自分にとって都合のよい情報だけではなく、自分にとって都合の悪い情報もできるだけたくさん集めるようにすることが必要だ。本を読む場合も、自分と意見を異にする人の本なども読んでおくことが後々の議論で役立つことが多い。

情報を集めたら、それに基づいて推論を行なうわけだが、できるだけたくさんのバリエーションを考えてみて、そのなかから一つを選び出すようにすれば、より正しい問題解決法に近づくはずだ。

たとえば、過去のデータを調べて、売上げが下がっているという情報が出てきたとき、「商品が消費者のニーズに合っていないのではないか。それならばニーズに合った商品を開発すべきだ」という推論をすることもできるし、「売れなかったのは、広告宣伝やマーケティングに問題があったのではないか。だとすれば、広告宣伝やマーケティングのやり方をもっと効率的にすべきではないか」という推論をすることもできる。ほかにもいろいろな推論ができるはずだから、それらをできる限りたくさん出してみて、そのなかから一番適切と思われる推論を選び出していくのである。

こうした選択の過程でたくさんの推論を試行錯誤しておくことは、議論の場で相手から別の案を示されたときに、「たしかにそういう可能性もあると思って検討してみましたが、こういう点でそれは当てはまらないのではないでしょうか」というように反論するときにも役に立つ。自分の頭のなかでより多くの推論のバリエーションを試行錯誤しておくことが議論の場を有利に進めることにつながるし、より正しい問題解決の方法を導き出すことにもつながるのだ。

「豊富な知識を用いて、幅広い推論を行なう」という基本原則を押さえておけば、かなりの確率でよい答えを導き出せるようになるが、さらに細かい方法論を知りたい方は、拙著『Pビジネスのすすめ』（PHP研究所）をご参照いただきたい。

論理的に説得するには根拠や理由を必ず示す

正しい結論が導き出せたということを前提に話を進めよう。

いくら自分が正しい問題解決案を持っていたとしても、それを受け入れてもらえなければ意味がない。そこで次に必要になってくるのが、正しい案を受け入れてもらうための方法だ。

それには、論理的に相手を説得していくということが必要になる。

論理的に議論するときの基本は、「○○だから、□□である」というように根拠を示すことである。「絶対に□□である」とか、「明らかに□□である」と言ってみても何の説得力もない。なぜ□□なのかという理由や根拠を示すことが必要だ。

後《のち》ほど詳しく述べるが、示す根拠に数字などのデータを効果的に用いれば、いっそう説得力が増すし、あるいは「過去にこれでうまくいった例があります」という誰もが知っているような事例を挙げれば、それも説得力の一つとなることがある。

ただし、自分が集めた情報に偏りがあると、根拠に普遍性がなくなる。相手から反証の情報を出され、「根拠が間違っているから、その結論は正しくない」と攻められることもある。それを避けるためにも、できるだけ幅広い情報を集めたうえで、最も適切な根拠を用いて述べることが必要だ。

逆に言うと、相手の根拠に偏りがあると思われた場合、根拠の部分について反証を挙げて突き崩していけば、結論を説得力のないものにしてしまうことができる。よく議論の場で行なわれているが、「それは事実認識に誤解があるのではないか」というような反論も、相手の根拠を崩すためのものである。

数字を使って、より説得力を持たせる

少し話が変わるが、いま世の中の論調では、「円高になると輸出産業が大ダメージを受けて、日本経済がガタガタになる」と言われることが多い。日本政府もその理屈を採用しており、円安政策を採っている。たしかに、トヨタやソニーなど輸出が大きな割合を占めている有名企業は多いので、円高で輸出産業の業績が悪化すれば、日本経済も悲惨な状況になりそうな気がしてしまう。

しかし私は、円安政策が本当に効果があるのかどうか、いつも疑問を感じている。とはいえ、精神医学を専門とする私が「円安政策は疑問だ」と言っても説得力がないので、これを人に説明するときには、GDP（国内総生産）に占める純輸出の割合の数字を示すようにしている。

国の経済成長はGDP成長率で表されているのだから、GDPに占める輸出の割合がどのくらいあるのかということを見るのが一番わかりやすい。

実際にその数値を調べてみると、GDP五〇〇兆円（二〇〇一年度名目値）に対して、輸出は五二兆円、輸入は四八兆円で、純輸出（輸出−輸入）は四兆円となって

いる。対米に絞ると、純輸出は七兆円だ。つまり、対米輸出によって日本経済が影響を受けている割合は、GDPのなかの一・四%程度なのだ。そのわずか一・四%の部分が円高でガタガタになったからといって、日本経済すべてがガタガタになるかのような印象を与えるというのは行き過ぎではないかと私は考えている。

こうしたことを主張する際に、私が根拠も示さず「多少円高になっても日本経済がガタガタになるということはないはずだ」と声を震わせて叫んでみても、おそらく何の説得力もないだろう。しかし、「GDPに占める対米純輸出の割合は一・四%程度だから、多少円高になっても日本経済全体が大きく崩れるということはないはずだ」と数字を入れて説明すれば、少しは納得してくれる人も増えるのではないかと思う。

同様に、「最近の子供は勉強しなくなっているから、学力低下が心配だ」と言うよりも、「東京都の中学二年生を対象にした一九九八年の調査では、家に帰ってから一秒も勉強しない子の割合が四三%もあるから、学力低下が心配だ」と言ったほうが説得力は増す。

実は医療の現場でも、エビデンス・ベイスド・メディスン（EBM）というものが注目され始めている。日本語に訳すと「根拠に基づく医療」という意味で、治療上重要な数字を使って根拠を示して行なう医療のことだ。医者が患者さんに対して説明するときにも、数字のデータを示して治療法を説明したほうが説得力があるとされている。

過去の事例をうまく生かす

根拠に説得力を持たせるには、過去の事例をうまく使うということも一つの方法だ。過去にうまくいった事例や過去に失敗した事例をたくさん知っていれば、それを効果的に用いることによって説得力を高めることができる。

ただし、通常議論をするときというのは、「会社をよくするにはどうしたらよいか」とか「国をよくするにはどうしたらよいか」というように、将来のことをテーマにする場合が多い。その点、過去の事例を根拠に持ってきて通用するのかどうかという問題がある。過去と将来では前提条件が大きく違っているはずだから、単純に過去事例を根拠にしてもあまり説得力が生まれないのはたしかだ。

そこで、過去事例を用いるときは、自分なりに分析して、エキスを抽出したうえで現在や将来にも当てはまりそうな部分を根拠にするべきである。

過去に組織を変更して成功した企業があったとすれば、単に「○○社がフラット型に組織変更して成功したようだ。△△社もフラット型にして成功した。だから、ウチもそうすべきだ」というように用いるのではなく、「○○社はフラット型に組織変更したが、それによって現場の情報が上に集まりやすくなったようだ。△△社もフラット型にして上下の風通しがよくなり、コミュニケーションが増えたようだ。ウチも現場の情報がなかなか上に伝わりにくいから、組織変更してみたらうまくいく可能性があるのではないか」などと、何らかの分析を加えたうえで使うべきだろう。そうでないと、「ウチと○○社では事業内容が違う」とか、「△△社とうちでは規模が違いすぎて参考にならない」などと条件の違いを指摘されて簡単に却下されてしまうことがある。

私は渡部昇一先生（上智大学名誉教授）と共著を出させていただいたことがあるが、渡部先生は、過去の歴史的な事例などを豊富に知っていて、よく例示として挙げられていた。ただし、単に事例を挙げるだけではなく、渡部先生独自の括《くく》り方で分析したうえで述べられるので、非常に説得力があった。

どのような過去事例を用いるときも、自分なりの分析を加えて、そのエキスを用いるようにすれば、前提条件の違いがあっても説得の材料に使えるようになる。

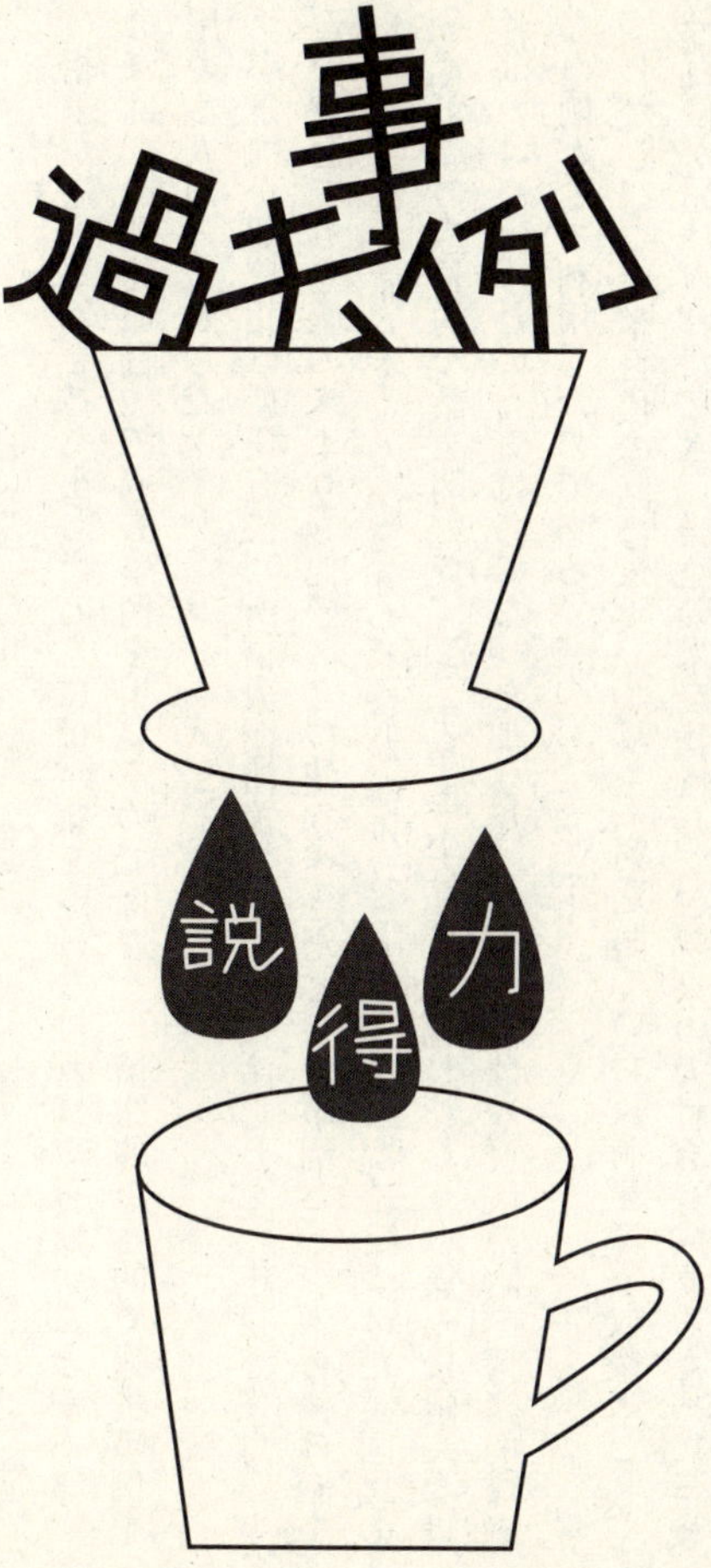
過去事例
説得力

✡論理的な過去事例と情緒的な過去事例を見分けよ

相手が過去事例を持ち出したときには、気をつけなければならないことがある。それは、論理的な目的で過去事例を用いるのではなく、情緒的な目的で過去事例を用いる人がいるからだ。

小泉純一郎首相は就任直後、所信表明演説で米百俵の話をした。小泉さんは、どんな貧乏でも当座の米よりも他のことに使うべきだという事例として米百俵の話をし、「だから、痛みをみんなで分かち合わなければならない」と結論づけた。国民の多くがこの感動的な話を聞いて、「さすがは小泉さん」「われわれも痛みに耐えなければいけない」という気持ちになったようだ。小泉さんは米百俵の話を情緒的な過去事例として利用したのである。

しかし、この米百俵の話は本来、「貧しく窮乏していた長岡藩に、救援米として米百俵が届けられたとき、当座の米を我慢して、将来の人材を育成するために学校をつくった。教育にお金を回したことによって人材が輩出され、結果的に藩が豊かになった」という事例である。この事例に倣うならば、教育予算を増やさなければ事例を正しく使ったことにはならない。小泉さんは教育予算を削ろうとしているのだから、本当はその場できちんと反論できる政治家の人たちがいなければならなかった。「痛みを我慢するというところは米百俵の話と同じだが、教育予算を増やすという点では、小泉さんはまったく逆のことをしているのではないか」と。それができずに、みんなが「いい話だ」と情緒に流されてしまった。

世の中には、このように情緒的な意味で過去事例を利用する人がいるので気をつけなければいけない。もし情緒的に流されそうになってしまったら、「その例はどういうことを意味しているんですか」とか、「どこがうまくいった原因だったんでしょうかね」と質問を投げかけてみるとよいだろう。

相手の根拠を突き崩す

自分の意見を主張するときには、数字などを駆使しながら根拠をはっきりと示すことが重要だが、相手のロジックを否定したいときには、逆に相手の主張の根拠となる部分を突き崩すようにしてみるとよい。

「Aであるから、Bである」という主張のうち、「Aでない」ことを示し、「Aでないから、Bとは言えない」というように崩していくのだ。

相手が偏った情報をもとに、Aであると言っているのかもしれないし、同じ事実をとらえるにしても、受け取り方によってずいぶんと変わってくるから、その事実認識に誤りがないかどうかを確かめていく。

たとえば、「血液型がA型の人間はまじめだから、わが社はA型の人を採用したい」と言う人がいた場合に、なんとなくそんな気がして納得してしまうかもしれないが、これは根拠となる情報が正しいとは言えない。そんなときは、「本当にA型の人間はまじめだと言えるんですか。何かデータがあるんですか」と質問してみる。そうすれば、根拠がいい加減だということを指摘できるから、そこから導き出された「A型の人を採用する」という結論も正しいとは言えないと示すことができる。議論を聞いている周囲の人たちも「たしかに根拠が甘い。論理的ではない」という印象を持つことだろう。

同じように、「不良債権がわが社の最大の問題点だから、不良債権処理を最優先で行なうべきだ」という案が出された場合も、根拠の部分を疑ってみる必要があるかもしれない。「本当に不良債権がわが社の最大の問題でしょうか。それよりも、魅力的な新商品がないということのほうが大きな問題ではないでしょうか」というようなことを言ってみると、相手の根拠部分の信憑《しんぴょう》性が崩れ、議論の主導権が自分に移ってくる可能性がある。

最近では、証券会社のアナリストが、「××社の財務内容はこのように悪化しているから、投資判断を引き下げる」というようなことを発表したときに、「事実認識に誤解があるから投資判断引き下げは誤りである」と反論をする会社もある。これも根拠の信憑性をなくすことで、結論を間違いだと反論している例と言える。

相手の論理を崩すには、反証を挙げるなどして徹底的に根拠の部分を崩していくことである。もし、根拠を示さないような非論理的な議論をする人がいたら、「何か根拠はあるんですか」と尋ねてみるべきだ。

相手の主張にスキーマが出てきたらチャンス

根拠を崩さなくても、論理そのものを崩す方法もある。それは、「AならばBである」という論理に対して「AなのにBでない」という例を一つ示すことである。「頭のいい人は東大を出ている」と主張する人がいたとき、「頭のいい人で東大を出ていない人もいる。野村克也元阪神タイガース監督も頭がいいと思うが、東大出ではない。イチローも頭がいいが、東大を出てはいない」というように、「AなのにBでない」という例外を出せば、相手の論理は崩れていく。それをきっかけに反撃することもできるだろう。

私は数学ができない受験生たちに数学の解法を暗記することを勧めることがあるが、これに対して教育学者たちから「暗記数学では本当の学力はつかない」と批判されたことがある。この場合も、例外を示すことができる。暗記数学で学力がついた受験生を私は実際に何人も見てきているので、こういう人たちの例を挙げて、「暗記数学で数学が好きになって、自ら進んで勉強をするようになって本当の学力がついた子たちがいる」ということを示せば、相手の論に対する反論のきっかけをつかむことができる。

議論のテーマが、相手の得意な分野である場合には、相手に攻め込まれることがあるかもしれないが、そんなときに、相手がだんだんと断定的なものの言い方をするようになってきたら、それも反撃のチャンスだ。

「私は、これについてはよく知っている。この案のほうが必ずうまくいく」「こうすれば絶対に間違いない」「あなたの案では、うまくいかないことは明らかだ」など、断定的な言い方というのは、実は案外と崩しやすい。「明らかだ」とか、「必ず」

というのは、「一〇〇％そうである」ということを言っているのだから、一つでも例外を示せば、「一〇〇％そうではないではないか」とつけ込むことができる。

　また、相手にとっての得意分野が議論されているときは、相手の主張のなかに「スキーマ」というものも出てきやすくなる。「スキーマ」が出てきたら、これもチャンス到来と考えてよい。

「スキーマ」というのは、「思い込みによる決めつけ」のことだ。たとえば、「高齢者はみんな貧乏でかわいそうだ」とか「いまの子供には非行が増えている。受験勉強ばかりさせているから非行が増えているんだ」「勉強ばかりさせられているとメンタルヘルスに悪い」というような決めつけである。スキーマの部分は、自分がそう信じ込んでいるため、わざわざ数字の根拠を求めようとしたりしない。当たり前のことだと思っているから正確な根拠を求めないのだ。根拠の正当性を調べ落としている可能性があるから、そこを突くことができる。

　スキーマに対して、例外をある程度指摘して、「勉強ばかりさせられていると非行が増えるとおっしゃいましたけれど、統計学的な根拠がないじゃないですか」と言うと、相手はオロオロすることがある。あるいは、「勉強ばかりさせられているとメンタルヘルスに悪いということを医学的に証明できるんでしょうか」と突っ込む手もある。

ただし、この論法をとるときは、周りの人から、「わずかな例外を挙げて揚げ足取りをしている」とか、「細かいことを言いすぎる」というように否定的にとらえられることもあるので、ギャラリーを味方につけなければいけないときは、あまりお勧めできる方法とは言えない。

二律背反ではなく、並列があることを示す

スキーマがある人は、相手の意見をまったく受け入れないことが多い。たとえば、よく論争になるのが「理科の学力が低下しているのは実験が少ないからだ。実験主体の授業にすれば、もっと理科が好きになり、理科の学力が上がるはずだ」というものだ。この考え方を受け入れて、文部科学省はどんなにカリキュラムを減らしても、理科の実験の授業時間だけは減らさず、実験室はどこの学校でも立派なものにしている。

ところが、それをしても理科の学力は結果的に落ち続けている。要するに、「実験をさせれば理科が好きになり、できるようになる」というのは思い込みであり、

スキーマの一つといってよいのだ。

これに対して私は、物理嫌いの子に暗記物理というものを提案し、物理の問題の解法を暗記させたりした。その結果、ペーパーテストでよい成績を一回取ったら、とたんに理科が好きになってできるようになった子たちを何人も見てきた。ところが、スキーマのある人たちは、「そんな暗記なんかで理科が好きになるわけはない。そんなことでは本当の理科の学力は向上しない」と反論をしてくる。

私は何も、実験をするよりもテストでよい成績を取った人のほうが理科好きになるということを言っているのではない。

実験をして理科を好きになる子もいれば、テストでよい成績を取って理科を好きになる子もいる。それらは並列の関係にあると言っているだけなのだ。それに対して、スキーマというか、信念を持っている人たちは、二律背反であるかのように思ってしまっているのである。

スキーマの怖さは、その点にある。自分が強い思い込みを持っていると、二律背反的になり、別の可能性、つまり並列で存在する他の可能性を想像できなくなってくる。それは思考パターンを狭め、よりよい問題解決案から遠ざけることがある。

「こういう可能性もある」「こういう人もいる」という多様な幅を持った推論をする

ことが、正しい答えに近づくために最も重要なことである。

相手の思考の幅が狭くなっているときには、並列の関係が存在するということを示して反論するとよいだろう。相手の言葉尻を捕まえて反論するよりも、「ほかの可能性もあるはずだ」という並列の議論に持っていったほうが、議論を聞いているほかの人たちにも好印象を与え、賛同してもらえる場合が多くなる。

長野県の脱ダム問題にしても、「ダムはダメだ」という論理よりも、ダム以外の案をつくって、「治水にはダム以外のこんな方法もあります。あんな方法もあります」といくつもの可能性を提示できたほうが、アイデアが豊富な人に見えるし、現実的な脱ダムの解決法を持った人に映る。

「Aである」か「Aでない」かを議論するだけではなく、「Bもある」「Cもある」というように、並列のものをどんどん示していければ、ケンカが膠着《こうちゃく》状態にならずに済む。

✵論理のすり替えを見破る

議論をしているときに、気がつかないうちにうまく論理をすり替える人もいるか

ら、注意をしたほうがよい。「AならばBである」という主張に対して、「BならばAである」という論理に巧みにすり替え、その例外を示して反論してくる人がいるのだ。

たとえば、「数学ができる人は頭がいい」と言ったときに、「頭がいい人間でも数学ができない人はいるだろう。○○さんは頭がいいけど数学は苦手だ」というように反論をしてくる。これは議論としては論理が破綻している。「A（数学ができる）ならばB（頭がいい）である」ではなく、「B（頭がいい）ならばA（数学ができる）である」という論理にすり替えたうえで、後者の例外を示しているからだ。

その場ではなかなか気づきにくいし、周囲の人も気づかないことが多いため、「そうだ、そうだ、たしかに○○さんは頭がいいけど数学は苦手だ。頭がよくても数学ができない人はいる」と納得してしまうことがある。そこで切り返しをしないと、相手のペースにその場全体が引きずられていってしまう。

「私が言っているのは、数学ができる人はある種の試験問題を解く能力があるのだから、彼らは頭がいいと判断してもよいと言っているのであって、頭のいい人はみな数学ができるとは一言も言っていない」と論理のすり替えのあったことを周囲の人にもアピールしておかなければいけない。それは、相手の揚げ足を取るためではなく、あくまでも自分のペースに引き込み、心理戦の主導権を握るためだ。

✡前提条件が違うということを示す

もう一つ知っておかなければならないロジックは、どのような論理にも前提条件がついているということだ。

「AならばBである」と言ったときに、普通は「Cの条件のときに……」という条件がついている。条件がDに変われば、「AならばBである」という論理が必ずしも正しいとは言えなくなってくる。

議論をするときには、その条件が争われることも多い。「この方策を取り入れて成功した企業がある」と言われたときに、「それは景気がよいときに取り入れたからうまくいったのではないか」と、条件を崩して結論を崩そうとする反論もできる。

条件というのはたいていは違うものだから、何とでも言いようがある。過去と現在では会社が置かれている環境は違うし、他社の事例を持ってきても自社とは前提条件が異なっている。また、未来の環境というのは簡単に読めないから、そういう点でも条件が同じというわけにはいかない。

相手の論をつぶすという意図がない場合でも、相手の示した根拠の前提となっている条件というのはきちんと質問をしておくべきだろう。根拠としてデータを示された場合にも、「それはいつの調査ですか」とか「何名に対する調査ですか」とか、「どんな条件の下で調査しているんですか」というような条件の確認は必要だ。相手が条件の確認をしていなければ、それだけでこちらのペースに持ち込める可能性が高くなる。

相手ばかりでなく、自分が根拠を示したり、データを示したりするときも、データの前提条件を求められることがある。根拠を示すときには、どんな条件で調査されたデータなのかということをきちんと調べておき、最も説得力のあるデータを用いるようにすべきである。

最後は「やってみないとわからない」で通す

いくら論戦を重ねても結論が出ないときや、自分の案が否定されて廃案になりそうなときには、「やってみないとわからない」という論理を展開する方法もある。

これからの時代は、不確定要素が多く前提条件すら読めないのだから、やってみないとわからないというのは真実なのだ。たとえば、値下げを続けるか、値上げをするかということに関しても、これまでの時代は値下げをすることで成功してきた企業が多いが、今後もそれが続くとは限らない。プレミアムをつけて値上げをするという発想のほうがうまくいくのかもしれない。

「バカ言っちゃいけないよ。値下げし続けてきても売れなくなっているのに、値上げなんかしてどうして売れるんだ」というような反論をされるだろうが、そんなときにも「やってみなければわからないでしょう」と応戦することができる。「値上げすることが正しいとは限らないが、値下げを続けてきてうまくいかなくなったのだから、少なくとも試してみる価値はあるのではないでしょうか」と主張するのである。

ハンバーガーチェーンのマクドナルドは、ここ数年、値下げ競争をリードし続けてきたが、円安でコスト増になったことから、二〇〇二年二月に値下げをやめ、実質的な値上げ戦略に踏み切った。しかし、それによって客離れが起こり、同年八月に再び値下げ戦略に転換をした。マクドナルドの実質値上げ戦略は失敗に終わったと言えるが、私はこうしたことを試してみたのは悪いことだったとは思わない。後知恵で見ると間違っていたと思えても、やってみるまではそれが間違っているといいう確証は誰にもなかったはずだ。ひょっとしたら値上げで成功していたかもしれないわけだから、試してみる価値はあったと思う。それに、間違っていたと気づいて、すぐにやり方を変えたのだから、これも失敗から学んだ正しいやり方なのではないかと私は考えている。

金利を下げるか、金利を上げるかという政策論争にしても、本当のところはやってみないとわからないと思う。不景気のなか、これまでずっと金利を下げ続けてきたが、それでもうまくいっていない。それならば、金利を上げるという選択肢も試してみるべきところに来ているのかもしれない。日本は円安、金利安政策を続けているが、一九九〇年代のアメリカは通貨高と高金利の政策をとることによって、資金が世界中から集まってきて、それによって経済が繁栄したという見方もできるからだ。

日銀が円高・金利高政策を試してみて、マーケットの反応を見てうまくいかなければ、そのときは、その政策を潔く撤回し、担当者が「私のやり方が間違っていました」と責任をとればよい。二週間もあれば政策を撤回できるのだから、試してみる価値はあるのではないかと思う。

試してみてダメだったら、別のやり方をすればよいのであって、試してみないとちから、試さないことの言い訳を議論するというのが一番よくないことだ。

ただし、過去に試してみてうまくいかなかった例がいくつもあるというのに、「やってみないとわからない」という論理は通用しない。私が主張している「ゆとり教育反対論」にしても、ゆとり教育を過去二回やって二回とも失敗しているから反対しているのであって、「今回初めてゆとり教育をやってみましょう」と言うのであれば、試す価値はあると私も考えたかもしれない。

総合学習に関しては、初めての試みだから試してみてもよいとは思うが、ただ、これもイギリスやアメリカなどの外国で試した例ではうまくいっていないので、うまくいかない可能性が高いのではないかと思っているだけである。

ともかく、試してみて出た結果のほうが正しいわけだから、「試してみないとわからない」という論理はどんな場合にも通じるはずだ。たとえ自分の案が不利な状況にあっても、失敗したら責任をとる覚悟を決めたうえで、「試してみなければわからない」という主張を貫ければ、道は開けると思う。

✵「勝ち」の基準を自分で決める

ここまで論理的に勝つ方法について述べてきたが、根本的な問題として、「いったい、どうなったら勝ちなのか」という勝敗の基準についても考えておかなければならない。勝敗の基準が明確になっていなければ、誰も勝敗について評価することができないからだ。

会議で自分の案が採用されたほうが勝ちなのか、部長のポストを射止めた者が勝ちなのか。あるいは、業績を何％向上させた者が勝ちなのか。基準がなければ、勝敗はつけようがないのだ。

日産を再建したカルロス・ゴーン社長の場合、就任直後に、シェア拡大ではなく、黒字を出すことを勝敗の基準として定めた。おそらく、社内では「やはりトヨタに勝たないといけないんだから、コストカットよりも販売台数を増やすことが大切だ」と思っている人もいただろうが、ゴーンさんはそれを社内で言い出せないような雰囲気をつくることができた。「赤字なんだから、まずは黒字にすることが最優先である」と言われれば、それに対して説得力を持って強硬に反対することは誰もできない。しかも、ゴーンさんは、マスコミなどを通じて世間の人にも「日産は赤字なんだから、まずは黒字にすることが大切だ」という認識を植えつけていった。つまり、日産の社内に対しても、外部のギャラリーに対しても、「黒字にすることが勝利である」という印象を広めていったのだ。

だからこそ、V字回復によって過去最高益を達成したとき、みんなが「ゴーンさんが勝利した」と感じたわけだ。当然のことながら、ゴーンさんはマーケット参加者も重要なギャラリーとして意識していたはずだが、投資家たちも「黒字にすることが勝利」と思っていたので、株価も上昇を続けた。これによってゴーンさんの勝利はマーケットからも認められていることが証明されたと言える。

この間に販売台数ではホンダに抜かれて三位になっているのだから、「日産はダメだ」という論調になってもおかしくなかったのだが、ゴーンさんは自ら明確に「黒字にすることが勝利である」というゴールを定め、それを周囲の人に納得させていたので、ほとんどの人がシェアについては重視しなかったのである。

つまり、他人が設定した指標ではなく、自ら指標と勝敗ラインを設定し、その勝敗ラインをクリアできれば勝利であるという共通認識を植えつけたうえで、基準を大きく上回ったところにゴーンさんの賢さがあると言える。本当は、自分で決めたゴールを自分で達成しただけなのに、周囲には大きな勝利に映るというわけだ。

大人のケンカの場合、最も賢い戦い方は、勝ちの指標と勝敗ラインを自分にとって都合よく定めて宣言し、ギャラリーにも納得してもらっておくことである。そういう準備ができていれば、勝利にぐっと近づく。

✵得意な分野に持ち込んで勝負する

前述のゴーンさんの賢さは、何をもって勝利と見なすかを自ら明確にしたことであるが、さらに彼が賢いのは、できることを目標として宣言したことだ。

この不透明な時代にどうしたらヒットする自動車ができるのかとか、どうしたらもっと販売台数を増やせるかという答えはなかなか見えてこないが、コストカットをする方法というのはいくらでもある。

人員削減でもよいし、赤字部門削減でもいいし、投資抑制でもよい。ゴーンさんの得意な購買コストの削減という手もある。彼は、それまでにも他社でさまざまなコストカットの実績を積んできたわけだが、その方法は基本的にはどんな会社でも通用する。拡大を目指さなければ、一回り小さいメーカーになって黒字を出して生

き延びるという手法がとれる。そういう確実にできることを行なうことで到達できるところに目標を定めたことが賢いのである。

「トヨタを抜きます」というようなできそうもないことを宣言するのではなく、「コストカットで黒字にします」というように、できることを宣言した。しかも、コストカットはゴーンさんの一番得意な分野だ。自分の最も得意とする分野に持ち込んで勝負をしたというところにも勝利の秘訣があると言えよう。

このように、ゴーンさんは、勝ったように見せる術が非常に上手だった。もちろん、ゴーンさんの場合は、勝ったあとの論理もきちんと用意していて、『Z』の復活など攻めの手も打っている。こちらは、うまくいったという見方とうまくいかなかったという見方に分かれるが、少なくとも「最優先すべきは黒字化」ということを達成したのだから誰も文句は言えないわけだ。

ゴーンさんのような上手な勝負はできないにしても、自分の得意分野に勝負を持ち込むということは真似したほうがよいのではないかと思う。議論をする場合においても、企画をコンペにかける場合においても、自分の得意な分野に持ち込むということは勝利のための大切な方法だ。

得意な分野で、しかも自分のできることを目標として宣言し、周囲がその勝敗ラインを納得してくれればそれだけで勝利に近づく。あとは、悠々とそれを達成してみせれば、何もしなくても周囲の人は勝利者と見なしてくれるはずだ。

メタ認知を使って自分の得意分野と弱点を知っておく

勝負を自分の得意分野に持ち込めば勝てる確率は高くなるし、自分の不得意分野に持ち込まれれば負ける確率は高くなる。したがって、自分の得意・不得意、長所・弱点を知っておくことは不可欠なことである。

これを行なうには、「メタ認知」という心理学的な手法を使うとよい。メタ認知というのは、特別に難しいことではなく、「もう一人の自分が自分を見つめる」という習慣づけのことである。

自分にはどの分野の知識が豊富か、どの分野の経験があるか、どんな人脈があるかなどを検討し、得意な分野と苦手な分野を分類してみる。「計算には強いけれど、アイデアを出すのは得意ではない」など、自分の能力特性をよく把握しておく。

こうした自分の特性をよく認識しておけば、たとえば、数字の得意な人が議論の場で自分の案よりおもしろいアイデアをライバルから出されたときに、「結局はどう利益計画を立てるかが一番重要だ」というように、数字計算の問題に誘導することもできる。あるいは、営業が得意という人なら、営業戦略やマーケティング戦略に話を持っていけば、議論に勝てる可能性も多くなってくる。

ゴーンさんが、シェア拡大よりもコストカットを重視して成功しているのも、ゴーンさん自身が自分の得意な分野をよく知っていて、得意な分野で勝負をしているからであろう。得意分野を知っておくことは、勝負に勝つ確率を高める重要な条件だ。

ちなみに、メタ認知というのは自分の得意・不得意を認識しておくことだけではなく、自分の感情状態を把握したり、感情によって思考がどう左右されているのかということを観察したりすることも含まれる。「自分はいま落ち込んでいるから、前向きな結論を出せそうにない」とか「気分がいいときには、調子に乗って過大な計画を立てすぎる」というようなパターンを認識しておくことも、メタ認知である。これらの感情とのつながりにおけるメタ認知については、後章で詳しく述べる。

理屈の前提に人間性がある

より正しい問題解決案を引き出せるようになり、その案を周りに説得する論理的な議論の能力を高めたとしても、一つだけ気をつけなければいけないことがある。それは、答えの正しさと論理で勝っても、勝負には負けてしまう可能性もあるということだ。

日本では、理屈でガンガンと議論する人をどちらかというと「利己的で冷たい人」と見なして嫌う傾向がある。「エリートは冷たい」「頭の切れる人は情が薄い」と思われることが多い。したがって、論理的であろうとすればするほど、すごくやりにくい部分が出てくるはずだ。

冷たい人間だと思われてしまっては、議論をする前から不利になる。だから、人間的にも「いい人である」ということをきちんと見せておかなければならない。

カルロス・ゴーンさんの場合は、コストカッターとして日本に乗り込んできたわけだが、その一方で日本に来て最初にしたことは、テストコースに行って日本車をぶっ飛ばすことだった。日産の車に限らず、他社の車まで用意させて、二〇〇キロを超える猛スピードで疾走したのだ。さらには、「次の日曜日にスカイラインGTRを運転して、一人で箱根に行きたい」と言って周囲を驚かせたという。「車好きの社長がいない」と言われていた日産において、新社長の豪快な言動は社員たちの心をとらえるには十分だった。意図していたかどうかはともかくとして、そのように社員の心をつかんでおいたうえで、コストカッターとして大鉈《おおなた》をふるったのである。

一般の人がそうしたエピソードをつくることは難しいが、少なくとも「あの人は会社の経費をかなり使っているらしい」というような私利私欲の強い人に思われていたら、どんなによい案を論理的に説明しても、賛同は得られない。「自分が出世して、いい思いをしたいために言っているんだろう」と思われてしまう。

いい人に見せるというのは簡単なことではないが、少なくとも私利私欲のためにやっているのではないということだけは周囲の人に見せておかないといけないだろう。

そのためには、「本当はこんなことを言うと自分に不利なのだが……」というような前ふりも必要だ。

たとえば、ゆとり教育に反対している人が、「実は自分は受験生の子供を持っているから、本心ではよその子に勉強をしてもらわないほうがいいとも思っている。子供のライバルを増やすようなことをするなと妻にも叱られるのだが、それでも日本の将来のことを考えたら、もっと子供たちが勉強時間を増やせるような環境をつくるべきだと言わざるをえない」というような言い方をすれば、私利私欲から発言しているわけではないということがわかってもらえると思う。

私利私欲がないように見せるためには、成功した場合の条件をつけるというようなこともやめたほうがよい。何かのプロジェクトを任されたときに、「このプロジェクトがうまくいったら、部長にしてください」とか「給料を上げてください」という条件闘争は避けるべきだ。

たいていの仕事はチームで行なうわけだから、周りの人は「なぜ、あの人を部長にするためにオレたちが頑張らなければならないんだ」というような気持ちになってしまうことが多い。

反対に、「このプロジェクトに失敗したら、責任をとって辞めます」というような発言も控えたほうがよい。言質《げんち》を取られてしまうと、厳しい時代だから本当に責任をとらされてしまうことがある。ライバルたちが蹴落とそうとしてあえて協力してくれない可能性もある。

条件をつけるというのは、いろいろな悪影響が考えられるので、できるだけ条件をつけることなく、私利私欲ではないように思わせながら、大義名分でも掲げて勝負に挑むほうがよいだろう。

論理で勝つことがケンカの王道ではあるけれども、いい人に見せるということもセットでやらないと、本当の勝負に勝つことはできない。

第2章

ケンカに弱い性格から脱却する

✵「予期不安」を払拭する

ケンカが弱い人の特徴とは、どういうものだろうか。ケンカができない人によくあるパターンは、相手に心理的に圧倒されたり、相手に対して余計な不安を覚えて負けてしまう場合が考えられる。

たとえば、ヤクザ風な人に脅される場合を想像するとよくわかる。暴力的なことも含めて何をされるかわからないから、いたずらに恐怖心を抱いてしまう。その場で事を収めても、あとで仕返しが怖いし、二倍、三倍にして報復されるかもしれないという不安を持ってしまう。こうした「予期不安」を抱くと、すでにこの段階で心理的には負けているし、これでは相手の思うつぼである。

大切なのは、ケンカしたあとの状況や負けることを勝手に想像して、最初の段階で心理的に追い込まれないことである。この人とケンカをしたら、あるいはこの人に嫌われたら、と勝手に決めてしまわないで、冷静になって自己の主張を明確に持つことである。

サラリーマンであれば、上司であれ、いやな同僚であれ、取引先であれ、何かしら無理難題を言われたときに、逆らったあとの結果を論拠もなく自分のなかで悪いほうに悪いほうに解釈しないことである。ケンカやディベートで、結論が出ていないにもかかわらず、自分の解釈でストーリーを描き、相手はこうするだろうと決めてかかって、「主張すべきこと」の半分も発言しなかったりする。また、もっと悪いのは、相手の言いなりになってしまうことである。こうした負けの習慣が身についてしまった人は、そのサイクルからなかなか抜けられない。

幼少のころを思い出してもらいたい。年上の子供や近所の悪ガキにからまれたり、いじめられたりした経験のある人は多いだろう。そうしたとき、逆らったら仕返しされるだろうという恐怖心から、抵抗しなかったとする。そうすると、相手にとって歯向かってこない人、抵抗の姿勢をとらない人ほどラクな相手もいない。いじめっ子にとっては、やりたい放題、言いたい放題である。

ところが、少しでも抵抗の姿勢を示せば、相手も次から違う手を考えてくるだろうし、無理難題を言わなくなるかもしれない。もし、攻撃してきても、そのときはこちらも相応の対応策で対抗すればいい。つまり、一番いけないのは言いなりになることであり、一度も抵抗しないで負け戦が習慣化してしまうことだ。

とはいえ、強い相手に対しては、誰もが予期不安をなかなか拭いがたい。そこで、予期不安を払拭するための第一の方法は、起こってみないとわからないことを悪い方向に予測して、それを決めてかからないこと。不安な動機で行動すると、その行動が動機をますます強化するので、現実よりも不安が増大してしまう。悪い方向に決めてかからないで、冷静にしていれば、もしかしたら、自分の想像よりもよい方向に向かうかもしれないし、判断する時間を与えられるかもしれない。とりあえず抵抗の姿勢を示したあとで、相手の出方を見て、次の発言や行動を考えればいいのだ。ケンカが弱いと思っている人の多くは、何も抵抗しないで言いなりになるパターンが多いのではないだろうか。

かりに相手が脅迫してきたとしても、恐れおののくこともない。法律的には脅迫は罪になるから、周りに助けを求めたり、警察に相談すればいい。脅迫罪は、「本人、又はその親族の生命・身体・自由・名誉・財産などに害を加えるといって脅迫すること」により成立するから、こうした知識にも長けておきたい。ヤクザでさえ、こうした法律知識があるから、そうそう手荒い手段はとらない。

たしかに最近のストーカー犯罪や若者の集団犯罪を見ていると、何をされるかわからず、恐怖心を抱いてしまうのもわかるが、泣き寝入りするのだけはやめたほうがいい。自分の不安が拭えない場合は、誰かに相談に乗ってもらうなり、それこそ警察に相談すべきだ。自分のなかだけで処理しようとしている限り、不安がどんどん増幅してしまう。それだから、まず予期不安に負けない勇気の持ち方や平常心の保ち方を身につけてほしい。それには、日ごろから言い返す訓練や抵抗の姿勢を示す習慣づけが必要なのだ。

「不安の悪循環」からどう脱却するか

ケンカが弱いのは、性格の弱さにも起因している。実は自分だけが弱い人間ではないことを、まず認識すべきだろう。多くの人が、最初は弱かったはずだ。どこかの時点で強くなる習慣やパターンを身につけたのだろう。性格が弱く、ケンカに弱い人には、短絡的な結論を出してしまうパターンがある。

「不安の悪循環」「うつの悪循環」という心理現象が往々にして現れる。とくに悪い心理状態というのは、悪いスパイラルを引き起こす。つまり、自分が落ち込んでいるときに、余計に悲観的な判断をしてしまい、さらに落ち込むという悪循環にはまる。自分が不安なときは、不安な材料が気になって余計不安になってしまい、パニックに陥ってしまう。相手から何かしらの脅しを受けるとか、何か心理的な圧力を受けているときは、思考停止してしまう。最悪の場合は、犯罪行為や自殺にまで走ってしまう。

たとえば、借金が返せないために銀行強盗をやるような人は、返せないことを悪い方向にばかり思考するパターンが働いてしまうからだろう。「会社にいられなくなる」「一家が離散する」「自分の子供が脅される」などと、次から次へと悪い妄想的な考えを抱く。現実的には、借金を返さなかったからといって、危害は加えられないことを法律は保証している。自分の持っている家や車を差し押さえられることはあっても、殴られたり蹴られたりすることはない。先ほども指摘したように、いくら脅しがあっても本当に暴力をふるってきたら、それは罪になってしまう。できる脅しとできない脅しが当然ある。にもかかわらず、ある種の思考の悪循環が起きてしまい、冷静な判断ができなくなってしまう。

借金が返せなくて金融機関に強盗に押し入って、放火して逃げたタクシーの運転手がいたが、彼も普段は人のいいおじさんだったという話だ。ところが、期日までに返せなかったらどうなるだろうという悪いイメージが次から次へ浮かんできて、仕事が手につかなくなったのではないか。思い詰めた挙句に、一番やってはいけない犯罪に走ってしまったのだろう。

そんなときに、弁護士や警察に相談するようなタイプの人は、思考の悪循環から抜けられるのだが、真面目な人で完全主義者ほど、「不安の悪循環」に陥りやすい。カウンセリング的な理論で言うと、そこにちょっと相談相手がいるだけで、気持ちが落ち着き、不安の悪循環に自ら気づくものなのだ。

他人に相談する以外にも、呪縛から脱却するためには、森田療法的な発想も必要だろう。いくら不安があっても、やるべき仕事だけはちゃんとやる。そのことで冷静になれる時間を持てるのだ。別のことに取り組むことによって、不安に意識が行かない時間帯を少しでも持つことが大切なのだ。また、認知療法の発想で言えば、紙に書くことで、頭のなかで不安を一人歩きさせておくより、多少なりとも冷静さを取り戻すという方法もある。

いずれにせよ、一人で次々と想像を膨らませても、ロクなことはない。「人のふり見て、わがふり直せ」と言われるが、自己チェックするだけで、自分の不安や弱みを認識できるのだ。

✹心理的に圧倒されないためのキメの言葉

ヤクザに脅される場面を想像するよりも、ケンカの場面はもっと身近に存在する。ビジネスマンであれば、相手に無理難題を押しつけられて、取引先に縁を切られてしまう、あるいは上司に嫌われる、同僚から嫌がらせを受けるといった心配は日常茶飯事だろう。

こうした仕事上の人間関係に関しても、先ほど指摘したように自分で勝手に決めてかかって予期不安を抱いたり、不安の悪循環に陥らないことだ。主張すべきことやできないことは、はっきりとさせたほうが精神衛生上もよいし、結果を先延ばしせずに済む。結果的に取引先と関係が切れたり、上司に嫌われたとしても、いずれそうなるのだから、早めに結論を出したほうが自分のためでもあり、先方のためでもあると考えればよい。

しかし、はっきり言えない人の多くは、性格が優しかったり、温厚であったりする。こういう人はすぐに心理的に圧倒されてしまう。では、どうすれば心理的に圧倒されなくなるのだろうか。たとえば、上司が明らかに失敗するようなプロジェク

不
安

トを押しつけてくる、無理矢理に同意を求められる……そうした場面を想像してみてほしい。

もし、あなたに力がないときには、いくつか対処の方法がある。一つ目の方法としては、責任の所在を明確にすることである。

「部長のおっしゃるやり方で、絶対に大丈夫なんですね」という責任の所在をはっきりさせる一言で、上司の命令であることが明確になる。つまり、失敗したときの責任がどちらにあるかをはっきりさせ、上司命令だからその仕事を請け負ったということを明確にすることだ。

会社や上司の命令で、「会社の命令である以上はやらなければいけない」と指示された場合は、必ず確認の一言を忘れてはいけない。

「会社の指示で大丈夫なんですね」

「絶対にうまくいくとお考えなんですね」

と反応して、上司や会社にも責任があることを明確にしたほうがよい。会社の指示で動いて、あとで責任を取らされることが日本の企業ではままある。

つまり、やらされてイヤなことや、バレるとまずいようなこと、失敗しそうなことを押しつけられたときは、十分注意したほうがよい。確認を取っておくことで、相手のニュアンスが弱くなったり、会社が多少なりとも再考するかもしれない。自分だけが責任を取りたくないので部下や仲間を誘っているはずだから、誰の指示と責任かを明確にするとよい。一蓮托生にされかけているときや犯罪の匂いがするときは、念押しをするのが一つの手段としてある。

二つ目の対処法は、先方に意見を言わせ、意図を明確にすることである。

「オマエの考えはどうか」「オマエはどうしたいのか」と意見を求められる場面で、「部長のおっしゃるとおりです」と返事をしてしまうと、自分の思惑とは違う方向に向かうかもしれない。そこで、「部長のご意見はいかがですか」と、向こうの意図を明言させる。

もし、「オマエは逆らう気か」と反論されたら、冷静にこう答えたい。

「これが逆らっていることになるのですか」

「どういう意味ですか」

「どの部分が逆らっていることになるのですか」

と言って、お互いの意図を明確にすることで感情的にならずに済む。もちろんソフトな言い方にしないと、日本人は論理的な議論に弱いから、ケンカを売られていると勘違いされ、相手がすぐカッとなってしまうこともある。できれば、「ちょっと教えてください」という態度で臨んで、決して失礼のないようにしなければいけない。

三つ目の対処法は、結論を先送りにし、時間をかけて判断することである。キメの言葉としては、

「上司に相談してから、ご返事します」

「妻に相談してからでないと、即答はできません」

と言って、結論を先送りする手法だ。誰もが一度は経験があるだろうが、サギ商法などでは必ずその場で「イエス」と言わせようとする。ある種の脅しをかけて、セールスマンがとにかく即決を迫ってきたら、この手法で結論を先送りにしたほうがよい。買いたくもない商品を売りつけようとしてきたら、相手の話を聞かずに断ることだ。変な仏心を出すと、つけ込まれるだけだ。もちろん、それができないから被害に遭うのだろうが、その際は結論先送り手法でその場を逃げることである。

いくらあなたがケンカや脅しに弱い人間であっても、一度逃げた経験があれば成功体験が身につき、次からもできるようになる。

✸認知的不協和をいかに見極めるか

仏心から一度買ってしまうと、逆にドロ沼にはまり込む場合がある。サギ師がよく使う手だが、「認知的不協和」をうまく使った手法である。

たとえば、賢いサギ師は、初めにたくさんのお金を使わせる。そうすると、あと騙されているのではないかと疑いを持ったときに、「あれだけたくさんのお金を払った私は、なんてバカだったんだ」と認めたくないために、「私は騙されていない」と無意識のうちに思い込む心理パターンである。サギ師はそこにつけ込み、さらに多くのお金を搾り取る。それが続けば続くほど、「私は騙されていない」と思いたい気持ちが強まってくる。つまり、「私は騙されるほどバカじゃない」と自己イメージを否定する事実を認めない心理が強く働くのだ。それが認知的不協和と言われるものである。

そういう認知的不協和によって、知らない間に相手の術中にはまってしまう。周りからどう見られているかを気にする人は、勝手に自分で「周りからこう見られているに違いない」というイメージを描いて、「断ったらすごく意気地のない人間だと思われる」とか「大きな家に住んでいるから、お金がないとは思われていないはずだ」とか「気持ちの優しい人に思われているのではないか」などと余計なことを想像し、そのイメージを否定しない方向に行動してしまうのだ。

しかし、本当に周りがどう考えているかはわからない。逆に言えば、騙される人は、「あいつ、本当にバカだよな」「なんて人のいい奴なんだ」「いつも断れない小心者」と思われているかもしれないのだ。他人の気持ちなんて予想しても、読めるものではないから、自分がどう見られているかということを勝手に考えないほうがいい。

相手を傷つけたくないために、あるいは、相手を傷つけるような人間に思われたくないために、「いりません」と言えずに多額の無駄な買い物をしてしまうのだが、そのカラクリとしては、相手から認知的不協和を上手に起こされているわけだから、自分の心理のなかにある「断りたい」「やりたくない」「逃げたい」という本質的な目的を明確にしなければいけない。

見栄を張ってしまう自己を認識し、目的を明確にすべきである。なぜ「買いません」と言わずに余計な言葉を使ってしまったかを、はっきりさせていく。言葉をオブラートに包むときに、なぜそうしたかを考えてほしい。常に考える習慣をつけていると、いつのまにか損な役回りをしている自分や、なぜ断れなかったか、なぜ引き受けたのかが見えてくる。いつも負けてしまうとか、いつも損な役回りを引き受けてしまうようなときに、一歩立ち止まって、目的を明確にしたい。

新興宗教団体のイニシエーション（入信儀礼）などでも、認知的不協和を起こさせる手法を使う。入信するためにしなければいけない寄進や修行などがこれにあたる。注ぎ込んだ額や時間が多ければ多いほど、その宗教がすばらしいものに思えてしまう。

ところが、その宗教がインチキだった場合に、自分がやってきたことは何だったのだろうと自己嫌悪に陥る。自分の行動を無意識に正当化するために、疑念をはさまなくなる。それだから、団体は信者をつなぎとめるために、最初にたくさんのお金を取ったり、厳しい修行を押しつけたりする。お金について言えば、取られれば取られるほど、信者は後戻りできなくなる。

結婚サギなどの場合も、往々にしてこういう心理が働く。つまり、どこかの時点で疑念が生じても、自分が注ぎ込んだ金額や愛情が大きければ大きいほど、相手を信用しようという方向に心は動く。もしこれが間違いならとか、サギだったらという疑念を抱かなくなるものだ。要するに、騙されていることを信じたくないのだ。

これこそがまさに認知的不協和である。しかし、損害をあまり出したくないなら、早めに失敗を認めたほうがいい。

✸選択肢を狭められていないか

認知的不協和とともにもう一つ、気をつけなければならないのは、相手の人から選択肢の幅を狭められていないかどうかである。多くのセールスマンは、「買ってくれますか、買ってくれませんか」という言い方をしないで、「これにしますか、それにしますか」という選択を迫る。こうなると、なかなか断れなくなってしまう。モノを買うときは、意外にこの手法に騙されてしまう。英語の教材や研修を押し売りする場合に多い。

とりあえず、自分にとっての決断の選択肢を狭くしている可能性があることを念頭に置くべきである。なるべくそこから脱却しないといけない。たいていは、真面目にやっていれば、人生ではそんなにひどく間違った判断をしないで済むのに、損ばかりする人は知らないあいだにある種の選択肢を狭めているのである。

そのセールスマンから逃げたくて、「もう少し安ければ買うのに」「もう少し量があれば買うのに」と一言発した瞬間に、「では、こちらと、こちらではどうですか」とさらに選択肢を狭められ、逃げられなくなってしまう。知らないあいだにセールスマンにそういう言葉を言わされているのだ。

こちらから断る理由を言ってしまうと、相手は反対のセールストークを用意しているから、断る理由をつぶされて、どんどん選択肢を狭められていく。「同じモノが家にあるから」「すでに使っているから」と断る理由を言っても、違いを強調されたり、もっといいとされるモノを売りつけられたりする。

いつも何か損な役回りを引き受けさせられる、いつも結果的に深みにはまってしまう、勝ち逃げができないという人は、自分の選択肢がいつのまにか狭められていないかどうかをきちんとチェックしてみるべきだ。ほかの可能性がいくつもあるはずだから、幅広い選択肢を自分で用意しておかなければいけない。

「認知の歪み」をチェックせよ！

ケンカに弱い人の特徴として「自動思考」に陥ってしまう傾向が挙げられる。人間が不安であったり、落ち込んだりしているときには、相手の考えや発言を勝手に予測してしまい、それが自分の勝手な思い込みであるにもかかわらず、あたかも疑えない自明なことのように感じてしまうというものだ。それに振り回された行動をとってしまうのが自動思考の大きな問題である。

たとえば、落ち込んでいるときに、「部長が呼んでいますよ」と言われたら、「リストラに違いない」「叱られるに違いない」という自動思考が浮かんでくる。そのとたんに、部長についての悪い思い出が次々と蘇《よみがえ》ってきたりする。あるいは「どうせリストラされるんだから、部長に思い切り文句を言ってやる」という変な対人行動をとってしまう。

そこから悪循環が起こる。部長は別のことを言う可能性もあるのに、自動思考のなかでスパイラル状態に陥っているから「部長は自分を必ずリストラする」という信念を持ち、部長に対して敵対的な態度をとってしまったりする。それがかえって部長を怒らせることになり、結果として評価を下げられたりする。そうなると、「やっぱり、オレの考えは正しかった。部長はオレを嫌っている。リストラされるに違いない」という信念を強めていくのだ。自分勝手な思い込みの部分で行動してしまうから、かえって損なことが次々と起こってしまう。

そこからどう脱却していくか。自動思考から脱却するためによくやる手法は、紙に書いてみることだ。ほかの可能性を列挙してみることで、部長が「絶対にリストラの話をするに違いない」という決めつけのほかの可能性を考えてみる。そうすると、ひょっとしたら別の話をするのかもしれないという選択肢もいくつか見えてくる。ということは、「絶対」というのは、一〇〇%ではなかったということに気づいてくるのだ。それだけで、自分の頑強なワンパターンの思い込みから解放され、少し気持ちがラクになって、思考のバリエーションも広がっていく。

ケンカに弱い人、とくに大人のケンカに弱い人というのは、認知の歪みによって、いわゆるワンパターンな思考をしてしまうから、向こうの術中にはまってしまうことが多い。

心理的にケンカに弱い人は、頭の良し悪しにかかわらず、こうした「認知の歪み」がないかどうかをチェックしてみる必要がある。

相手がちょっとでも自分と違う意見を述べたとたんに敵に見えてしまうというのは、「二分割思考」の認知パターンといっていいだろう。つまり、世の中にいる人は敵か味方か、あるいは白か黒かはっきりさせようとする認知パターンしかない人だ。現実の世界はグレーゾーンの人がいっぱいいる。その部分の人たちと上手につきあっていくのが大事なのに、ちょっとでも意見が合わない人はみんな敵に見えて

破局視 **catastrophi-zing**	将来生ずる可能性のある否定的な出来事を、事実関係を正しく判断してとらえるのではなく、耐えることができない破局のようにみなす。	〔例〕気を失うのは不愉快で気まずいかもしれないが、必ずしもひどく危険なことではないとは思わずに、「一体、気を失ったらどうしよう」などと考える。
縮小視 **minimiza-tion**	肯定的な特徴や経験が、実際に起きたことは承知しているのに、取るに足らないものと考える。	〔例〕「たしかに仕事はうまくいっている。でもそれがどうしたっていうのだ。両親も私のことなどかまってくれないではないか」などと考える。
情緒的理由付け **emotional reasoning**	感情的な反応が必ず実際の状況を反映していると考える。	〔例〕絶望感を覚えているからといって、状況も実際にまったく希望のないものであると決めてしまう。
「～すべき」という言い方 **"should" statements**	「～すべきである」「しなければならない」という言い方が、動機や行動を支配している。	〔例〕「私はイライラしてはいけなかった。自分の母親なのだから、私が母の言うことを聞かなければならない」と考える。
レッテル貼り **labeling**	ある特定の出来事や行為に言及するのではなく、自分自身に大雑把なレッテルを貼ってしまう。	〔例〕「ああ、ちょっとした失敗をしてしまった」と考えるのではなく、「私はまったくの失敗者だ」と考える。
自己関連づけ **personal-ization**	他の数々の要因が関連しているのに、自分こそがある特定の出来事の原因であると考える。	〔例〕上司が自分に対して無愛想だったような場合、それが実際には家族の誰かが亡くなったために動揺していたのに、上司が自分のことを快く思っていないことの表れだと考えてしまう。

（出典：フリーマン他著、高橋祥友訳『認知療法臨床ハンドブック』金剛出版）

あなたの「認知の歪み」をチェックせよ！

二分割思考 dichotomous thinking	互いに相反する極端なふた通りの見方で物事を判断し、「中間の灰色の部分」がない。	〔例〕成功でなかったら失敗だと考え、完全なできでなければまったくの失敗であるとみなす。
過度の一般化 overgenerl-ization	ある特定の出来事を、多くの出来事のなかの単なるひとつとして見ないで、人生における一般的な特徴であるとみなす。	〔例〕妻が思いやりに欠ける反応をたまたま示したからといって、他の事柄を考慮しないで、もう妻には愛情がないのだと結論してしまう。
選択的抽出 selective abstraction	複雑な状況のある特定の側面に注意を注いでしまい、その状況に関係のある他の側面を無視する。	〔例〕職場の業績評価のときに受けたあるひとつの否定的な評価に焦点を当て、他の多くの肯定的な評価を見逃してしまう。
肯定的な側面の否定 desqualify-ing the positive	否定的な人生観と相反するような肯定的な経験を「大したことはない」などと言って否定する。	〔例〕友人や同僚から肯定的な反応を得たとしても、「皆は親切だからそう言っているだけだ」と考える。
読心 mind reading	支持するような証拠がないのに、他人が否定的な反応をしていると思ってしまう。	〔例〕他の人々は礼儀正しくふるまっているのに、「あの人は私のことを間抜けだと思っていたのを私はよく承知している」などと考える。
占い fortune-telling	将来の出来事に対する否定的な予測を、まるで確立された事実のようにとらえて反応する。	〔例〕「あの人はきっと私を見捨てるのだ」などと考えて、それが絶対の真実のようにふるまう。

しまう。

認知の歪みには、「過度の一般化」と呼ばれるものもある。たとえば、青少年が一人犯罪を起こしただけで、いまの子供は怖いと判断する。「いまどきの若者はどうしようもない」といった決めつけをする人の結論も過度の一般化である。

少し事例を挙げられただけで、瞬時にレッテルを貼ってしまう人も多い。「レッテル貼り」も、論拠がなければ疑ってかかるほうが無難である。「自己関連づけ」もよくあるパターンだ。今、起こっている現象には、数々の要因が関連しているにもかかわらず、自分こそがある特定の出来事の原因であるとか、何かにつけて自分に関連づけてものを考えてしまう人だ。

重要なのは、自分には認知の歪みがあることをまず意識化することである。現代認知療法の大家であるフリーマンという学者が作成した「認知の歪み」についてまとめた表（前頁）を載せておいたので、あなたも自己チェックをしてみてほしい。

✸すぐに反論しない余裕を持つ

相手に何か言われて、すぐに反論してしまう人がいる。結果的にケンカで負ける

人に限って、何か言われたときにすぐにワッと反論してしまう。自分の弱点を見つけられたくないと無意識に思うからだろうが、すぐに出してしまう瞬時の反論は、だいたい杜撰《ずさん》な考え方が多い。そのため、揚げ足を取られる原因をつくったり、言質を取られることもある。

私もテレビの討論番組などで、感情的な議論に参加して反省することがよくある。文章を書くときは論理的に考えているが、テレビなどの討論番組では感情的になってしまいがちだ。裏づけとなるデータを示さないで、次々話が展開されるから、論拠の間違いが指摘されないまま進んでしまう。テレビでは、決断が早いほうが賢く見えるものだ。そこで、私もついつい深く考えずに発言したり、論拠を示さずに結論を言ったりする。ところが、ビデオに録ってあとから観ると、議論が本筋から離れ、あらぬ方向に進んでいたりする。

実社会のディベートでは、すぐに返事をすべきことのほうが例外的なものである。いわゆる決断力の早さを求められるといっても、その場で即決してハンコを押す人間は逆に評価されない。つまり、オファーやプロポーザルに対して、すぐに「イエス」と答える人は、海外では評価されない。契約書のやりとりなどは、アメリカのほうが契約するまでの時間は長い。オファーがあって、カウンターオファーがあって、またカウンターオファーがあって、結論を探る。すぐに結論を出したり、すぐに反論するのではなく、一度自分のなかで熟考してみることである。

まず相手の言い分を聞いてから反論することを心がけてほしい。また、ネット上の議論でも同じように感情的な議論になりがちである。反論するときに、往々にして相手の持っている前提条件や相手の言葉を吟味することなく、反発したりする。自分の前提条件と相手の前提条件が矛盾していることに気づかずに、相手の発言に噛みついたりするのである。

ケンカをする場合に、カッとなってする返事と、冷静に考えて書くものとは明らかに違ってくる。一番厄介なのは、メールのケンカだろう。相手の書き方が素っ気なかったりすると、すぐに感情的になったりする。冷静になればいいものを、一度火がついてしまうとなかなか消せなくなってしまう。だから、迂闊《うかつ》な語尾や表現には注意したほうがいい。

第３章

相手を納得させ、説得し、味方につける

敵を味方にするのが理想的なケンカの方法

ケンカをする際の一番の理想形は、周りの人間がこちらの味方になってくれることである。つまり、ケンカをしているうちに、ギャラリーを自分の味方にするのである。たとえば、選挙の論争のときに、ディスカッションをしているうちに、ある候補者の意見と自分の意見が一致して、見ているほうが応援してしまうような場合がある。ケンカや論争でも、周りの人間に好かれることは大切である。

もっと理想を言えば、論争相手まで納得させて味方にすることだろう。ケンカは感情的な面が強いので、冷静になってよくよく議論してみると理解し合える場合もある。それには、論戦やケンカをふっかけてくる人、無理難題を言ってくる人の本音や心理ニーズがどこにあるのかを考えてみることだ。

相手がこちらをただ単に言い負かしたいだけなのか、それとも自分が強いところを見せたいのか、従わせたいのかを探ってみる。たとえば、部長が自分の欠点を次々に指摘してきたとき、本当は周りの人間に「部長はすごい」と思わせるために、自分はただ単にダシに使われているだけかもしれないし、もっと裏の意図があるのかもしれない。ケンカや論争をしたくないのに、せざるをえない何か理由があるのかもしれない。世の中には、周りの人間に「頼りになる奴だ」と思われたいためにあえてケンカをふっかけているという人も、往々にしている。相手が本当のところ何を求めているかをつかめれば、こちらの対応も違ってくる。つまり、心理的な意味で何を求めているのかをまず探る必要があるのだ。

相手が反論をしたり、無理難題を言ってくれば、額面どおりに受け取るのではなく、その背景に何があるのか、相手はなぜケンカ腰になるのかを考える。そのポイントをつかんでいないと、まとまる話もまとまらなくなる。

ケンカをうまく収めるには、相手の心理ニーズを満たしてあげ、顔を立ててあげることである。実を取って名を捨てる側に回っても、ケンカをしないで済めば、それに越したことはないだろう。

たとえば、部下が部長に何かを要求したとする。部長に直談判ができたように見えるだけで、周囲の人間の評価は変わる。内容以上に名誉のほうに重きが置かれているのであれば、そう見せてあげることで、部下の顔を立てることは十分できる。

顔を立ててもらった部下は文句を言いに来たのに、かえって温かい対応をされ、理解してもらえたと喜ぶ可能性が高い。

また、他の人の手前、強圧的に出ざるをえなくなった人に対して、あなたが「周りの社員のためにつらい立場ですよね」と一言かけてあげるだけで、気持ちは伝わるものだ。

人間の心理は実に複雑だ。給料を上げてほしいという要望の裏側に、「人に評価されたい」「認められたい」「ダメ社員と思われたくない」といった心理的ニーズが隠れていたりする。率直に給料を上げてくれとは言えないから、建前論の文句を言う場合もある。そこで相手の本音を読めれば、それに対応できる。

相手を味方につけ、納得させるには、相手の心理ニーズを見抜かなければいけない。本音で何を求めているかを知るために重要なのは、相手をよく観察することである。

相手が仲間内でどういう状況に置かれているかをつかむ。上司の場合なら、組織における立場や板ばさみ関係がどうなっているのかを知ることだ。言葉の端々に浮かんでくる文言をよく聞き、観察していれば、必ず相手の本音が見えてくる。それを拾い上げていき、相手の心理的なニーズをうまく満たしてあげれば、きっと自分の味方になってくれるはずだ。

✸「共感」という心理観察術

ただし、状況判断だけでは心を読みにくいのが大人の社会である。とくに企業社会では、相手が本心ではこれを求めているはずだと深読みしても、間違うこともよくある。たとえば、責任のある仕事を要求する社員に地方支社の役職を与えたところ、プライドを傷つけられて辞めてしまったりする。

それだから、プライベートな形で単刀直入に相手の要望を聞いてあげる場を設けるのも重要だろう。会社側の常識的な判断とは違い、部下や上司の手前、意地を張っていたり、率直に要望を述べられない場合もある。

人間の心理を読むことは非常に難しい。心理テストなどで、青を選んだから消極的な性格だとか、犬を選んだから忠実な人だと決めつけるのはきわめて危険である。では、何が当てになるのか。妥当な答えとしては、相手の心や言葉を読むこと。先ほども、相手の心理を観察する必要性にふれたが、それには「共感」が必要になる。相手の立場に自分を置いてみて、どう感じるか、どう思うかを考えてみるのだ。

共感というのは、心のなかを深く読んでいくというよりも、相手の立場に身を置いてみて、気持ちを想像し、つかめる範囲内で「きっとこうだろう」と推測してみることである。かりに部長の立場にいたらどう判断するかを想像してみる。多少なりとも、相手の立場に身を置いてみると、「相手の本音はこんなところにある」と少しは心が読めてくる。あるいは、お客さんの立場になって考え、部下の立場に立って気持ちを考える。もちろん、「言うは易し、行なうは難し」で、現実的には難しい。共感というのは、本当のところはそれほど大したことをするわけではないのだが、相手の立場になって考えることが大切だとわかっていても現実には誰もやらないからこそ、実行することが武器になるのだ。

共感能力を身につけるには、習慣化や経験しかない。普段から共感的に想像する習慣があれば、人との接し方や発言も変わってくる。かりにケンカになっても、相手の立場を考えられる能力があるので、相手のほうは最終的に「こいつはなかなかいい奴だ」と思ってくれるかもしれない。トレーニングの方法は、いくらでもあるだろう。たとえば、部長に叱られ、ふとイヤなことを言われたときに、相手の立場で考えてみる。

「そう言えば部長は恐妻家で知られているけれども、奥さんによほどイヤなことを言われてオレに当たっているのかな」と想像がついただけで、こちらの気持ちが軽くなる。口ゲンカや論争で一番まずいのは、しこりが残ることだから、それが避けられるだけでも共感をした価値はあるだろう。

褒めてあげれば、人はついてくる

アメリカで人気のある精神分析理論の創始者であるハインツ・コフートが、共感理論については深い考察を重ねている。詳しくは『Pビジネスのすすめ』でも紹介したが、共感能力のベースとして、コフートは「相手の心理的ニーズを満たしてあげて、自分も心理的なニーズを満たしてもらおうと期待するのは、生きていくうえで不可欠なことだ」と述べている。コフートは、人間がもらってうれしいものとして、「自己愛」を想定し、自己愛を満たしてあげる三つのパターンとして、「鏡」「理想化」「双子」という概念を提起している。

「鏡」というのは、自分が相手の鏡になってあげること。つまり、相手に注目し、相手を褒《ほ》めてあげることである。相手に関心を持ち、相手が頑張っているときに褒めてあげると相手は喜ぶ。

一方、落ち込んでいるときには褒めても逆効果であったりする。こうしたときには、相手の「理想化」対象になるのがよいという。相手が不安なときには、「私がついているから心配はいらない」という感覚を与えてあげれば、相手は安心感を持つ。

ところが、世の中には褒めてあげても「お世辞だろう」と解釈する人もいれば、「私がついているから」と言っても、「あなたはそんな立場にいるから、そう言えるのだろう」と思う人もいる。こうした人たちには、「双子」のように「この人と自分は同じ世界の人間だ」と感じさせることがよいという。

ところで、コフートはニーチェから影響を受けているようだ。いわゆる鏡に飢え、理想化対象に飢えて、それを求めてやけくそのようにジタバタしてしまう人間のことを、彼は「悲劇人間」と言ったが、ニーチェも「悲劇の人」という言葉を使っている。精神医学的な理論を参考にするより、ニーチェの直感的な人間観察のほうを参考にしながら理論化したのかもしれない。

人間観察に長けることは、リーダーの素養でもある。プロ野球の監督にしても、リーダーとして選手をうまく引っ張る人がいる。たとえば阪神タイガースを優勝に導いた星野前監督は短気でカッカして相手を罵倒するタイプだと言われる。周りを

I'm fine!
How are You?

意識して、チームを引き締めるためにどなっているのだろうが、星野監督の場合は、自分がトップである以上、しこりが残らないように心配りができているのではないか。原則的に人間は、お金をくれたから味方になるのではなく、自分の心理ニーズを満たしてくれる人のことを好きになる。

だから、褒められたいところを褒めてくれる人や自分のことをわかってくれる人についていく。たとえば女性が髪形を変えたとき、それに気づいてあげるとか、ちょっとやせたことに気づいてあげるとか、そうした反応だけで味方になってくれたりする。それだけで好感を抱いてくれる。頑張っている人がいたときに、そこを見逃さずに、「最近ちょっと成績が上がってきたな」と褒めてあげるだけでも、自分のことを見てくれていて、理解してくれていることで発奮する。

つまり、褒められたいところを褒めてくれる人は、原則的に好感を持たれる。これこそコフートの指摘する「鏡」である。

「理想化」対象とは、自分に安心感を与えてくれる人のこと。この人についていれば、自分も成長できる。この人のそばにいたり、部下であったりすると自分まで強くなった感じがするというような相手のことだ。たとえば上司がある種の理想化対象になっていると、関係が長続きする。コフートによれば、自分が落ち込んでいるとき、ダメだと感じているときは、理想化対象を求めるそうだ。

コフートのすごさは、患者さんの側のニーズのほうを見たことだろう。フロイトのように深層心理を読もうとしないで、患者が何を求めているのだろうかということを考えた。患者さんの心理ニーズを満たしてあげると、カウンセリングを受けたあと、患者は元気になって帰っていく。日常生活がうまくやれるようになってくるということを発見したのだ。

フロイトのように、深読みをして、相手の無意識の部分がわかったところで、対処のしようがない。この患者は生い立ちが悪いからひねくれるとか、すぐに萎縮してしまうといった原因を探っても、生い立ちは変えようがない。それよりも、こちらが相手のことをわかってあげれば、余裕が出てきたり、怒らないで済んだりするかもしれない。

部下にすごく威張る上司の態度が、小さいころにいじめられたコンプレックスの裏返しだろうとわかったら、多少腹が立たなくなるかもしれないが、現実的な接し方としては我慢している以外はないわけだ。部長にどう接すればいいのかという答えはない。むしろ、「部下から素直に尊敬されたい」というのが部長のいまの心理ニーズだとわかったほうが、それをうまく満たしてあげるような行動をとることによって、部長がカッとならないで済む、あるいはガミガミ言わないで済むように持っていけるかもしれない。

一般的に、上司が部下の「鏡」や「理想化」対象や「双子」になってあげるのが本質的なのだろうが、しかし、部下のほうがそういう接し方をすることもできる。頑張っている上司を褒めてあげるというと言いすぎだが、尊敬してあげて「鏡」になることはできるし、上司が不安なときに「オマエは頼りになる奴だ」と思ってもらえれば、「理想化」対象としての役割も果たせる。また、「オレとオマエはやっぱり似た者同士だよな」と思われるような「双子」系の部下になることもできる。こうして上司の心理ニーズを満たすことが上司からかわいがられる秘訣だったりする。もちろん、三つを同時に満たす必要はないが、自分がどの役回りかを見抜けばいいわけだ。

相手の心理ニーズを満たして味方につける

人間関係は、相手の心理ニーズを満たしておくと、たいていよくなる。もちろん、心理ニーズはいろいろあるけれども、コフートの三つのパターンを知っていると良好な人間関係を築くことには役立つ。自分は人の心を読むのが得意ではないと思ったときは、三つのなかからどれが一番近いかを考えればいい。

心理ニーズを満たすポイントは、相手が自分に言ってほしいと思っていることを、こちらが反論しないで同意すること。その限りにおいては、交渉事がうまく運ぶ。

たとえば、いかに部長を尊敬しているかを示して、部長が機嫌よくなっていたら、われわれの要求もわかってくれる可能性が高い。「部長はすごく人の気持ちがわかるから、売上げもすごいんですよね」と言えば、お世辞だと思っても悪い気はしない。だから褒めながら、自分の主張に近づけていく。

ケンカに勝つには、表面的な議論で勝つよりも、心理的に勝つ術を身につけることだ。心理的に勝ってしこりを残すどころか、お互いに仲よしになるのが最善の姿であろう。つまり、本当はこちらの要求を飲ませたのに、相手としては満足してしまうような関係である。

それには相手に「ノー」と言えない雰囲気をつくってしまうのである。そのためには、恫喝したり、脅迫して相手を不安にしてその状況にするよりは、相手が非常にいい気分でノーと言えない雰囲気をつくったほうが賢い。

部下と上司の関係でも、同じ仲間であり、志は同じだと思わせる。親友同士がそうであるように、同盟関係的な雰囲気になると、こちらの希望は、相手の希望のようになる。上司は基本的にそんな部下に嫌われたくないから、「ノー」とは言いにくい。それに、本来は属人的（内容がどうであるかより、誰が言ったかのほうに重きを置く考えなど、事態より人のほうを重視すること）な発想を持ってはいけないのだろうが、上司も好感を持っている部下の提案はいい提案に見えるし、嫌いな部下の発言は生意気に聞こえるものだ。

聞き上手になれば、心理ニーズはわかる

心理ニーズを読むためには、相手になるべくたくさん発言させたほうが望ましい。だから聞き上手になればなるほど、相手の心理がつかめるようになる。もちろん人の気持ちはしゃべらないでもわかるというようなそういう機微の世界もあるだろうが、とくにビジネスの現場ではしゃべらせるほど相手の本音がわかるから、とにかくなるべく聞き手の側に立つ。

相手がものすごく無口な人であったとしても、待っていてもらったり聞いてもら

って嫌いになることはない。こちらが一方的にしゃべることで、こちらを好きになってくれることもたまにはあるが、それは相当自分の実力が高くないとできない。しかし、聞き役に徹すれば、自分の能力と関係なしに相手が好きになってくれる。もしくは、相手が主張ばかりしたら、こちらから質問をする。前述のように、こちらがいわゆる聞き役になることで、相手の機嫌がよくなっていく。

しかし、その一方で相手の主張や好き勝手な方向に走ってしまい、独演会になってしまうことがあるが、そんなときは反論して止めてもあまりメリットはない。反論して止められたら非常に不愉快だが、質問なら気がつかない。先方の発言のなかに、こちらに都合のいいものを見つけ、「その点についてもう少し教えてもらえませんか」と質問をし、「自分と同じ意見だ」「これを具体化しましょう」と自分の方向に進めていくのだ。

✸「共通の敵を上手に探す」テクニック

「認知の歪み」でも紹介したが、人間は「二分割思考」をする場合が多いから、「敵の敵は味方」にすることができる。共通の敵をつくっていくうちに、味方は増えていくものだ。敵の敵が、自分にとってどうしても味方にならない場合は例外だが。
どうしても味方を増やしたいときに、「敵の敵は味方」手法はよくやる手ではあるけれども、共通の敵となる相手が、よほど怖い相手ではない限り、使えるテクニックだろう。

たとえば、若手社員が上司を共通の敵にするというのはよくあるものだ。上司に嫌われたら怖いからと仲間に入らないという人もいるかもしれないが、そうしているとその仲間に入るきっかけを失う。できれば、共通の敵はライバル会社に置くなど、利害関係がぶつからないほうがいい。

頭を下げることや根回し、懐柔も必要なテクニックだ。頭を下げることは基本的にタダだけれども、頭を下げてばかりいるとどうしても自分が卑屈になっていくような気がするなら、やめたほうがよいかもしれない。

また、偉くなってしまうと、頭を下げることが沽券《こけん》にかかわることだと思ってしまうが、本当はまったく逆で、偉くなればなるほど、頭を下げることに価値が出てくる。まさか社長がみんなに頭を下げるなんて誰も思わないから、頭を下げられただけで感動する。上手に頭を下げる人ほど、賢いとも言える。

「いまの時代は、根回しをしてはいけない」というのは賛成できない。できる限り

の根回しはしたほうがいいのではないか。また、ゴネ得を与えるのはよくないからと、懐柔しない人も多い。しかし、世の中は、文句を言う人ほど出世することがままある。組織運営として、この人がいるとまずい、黙らせたほうがいいというタイプのキーマンは、うまく地位を与えて、味方にしてしまう方法もある。懐柔というやり方はあまりいいイメージがないが、一つのテクニックとして知っておいて損はない。

文句を言う人を出世させると、収拾がつかなくなるという心配もあるが、意外に早いうちに芽を摘んでおけば騒ぎが大きくならないで済むことだってある。

もう一つには、相手をいい気分にさせておくことで、うまくこちらの味方に引き寄せる方法もある。接待をして自慢話をさせるなかで、向こうのビジネス・ノウハウを盗んでしまうようなものである。自慢話をさせて、そこで営業のテクニックを聞いたりするのも一種のテクニックだろう。

✸社内世論をつくる集団心理学

社内世論をつくるような集団心理学も身につけておきたい。

人間は集団になると、ある方向性に傾倒しやすい。それをビオンという人が、三つにまとめている。

一つは、「依存グループ」。

誰かリーダーが出てくると、みんながそれに依存するようなパターンである。社内がまとまらないときは、誰かがリーダーを買って出たら、みんながついてくる。そういう混乱の時期にリーダーを買って出た人間は、頼もしく見えて、実力以上に評価される。依存心が強くなっている心理状況では、みんながついてきやすい。自分がリーダーの器ではないと思っても、一時的にみんなが言うことを聞くわけだから、ある方向には持っていける。

二つ目のグループは、「ファイト・フライト（闘争・逃避）」という仮想敵をつくるパターン。

仮想敵をみんなでいじめるか、みんなで逃げるかの二つの場合がある。つまり、グループのなかで一人敵がいれば、その人をみんなで攻撃したり、批判する。もしくはみんなで逃げる。社会に仮想敵をつくるときも、そういうことが起こる。まとまりがないグループのときに、仮想敵をつくり、先ほど指摘したように「敵の敵は味方」とするテクニックもある。ただし、基本的にはグループの場合は、グループ全体の敵ができてしまうとグループがまとまるから、上手にグループ全体の敵をつくることのほうがリーダーシップにつながる。

三つ目としては、「つがいグループ」というパターンがある。つがいグループとは、グループのなかであるカップルができると、それをみんなで祝福して、グループ全体がいい気分になるというもの。広い意味の解釈は、カップルができてそこから子供を産んで、彼らが未来のメシアになってくれるというもの、つまり、希望でまとまるグループのことである。グループ全体の希望を生み出してあげることができれば、グループはそれに乗る。そういう共通の希望を上手につくってしまうと、グループが好循環に入る。夢があれば、組織はまとまる。それがグループ共通の夢になっているかどうか、社運を賭けるほどの希望ある夢にできるかできないかが、リーダーの才覚になる。

個人を動かすのも、集団を引っ張るのも、その人の能力に依存するのである。心理学の手法を少し知っているだけで、人間関係の築き方からケンカの仕方まで、さまざまに応用できるのである。

第4章

相手の弱点を突き、感情的にし、自滅させる

✸自滅を待っていれば、たいていのケンカは勝てる

ケンカというのは、たいていの場合、先に感情的になったほうが負けるものだ。どちらかが圧倒的に実力が上というのならともかく、そうでない場合は、ボロを出したほうが負けるというケースが多い。

冷静な人間と感情的な人間がいたら、たいていの場合は、論理で勝負するまでもなく、冷静な人間のほうが勝ってしまうものだ。片方が感情的にエキサイトして自己主張したときに、もう一方が「まあ、そうカッとならずに、穏やかにいきましょうよ」と冷静さを見せた瞬間に、議論を見ていた周りの人たちの心理が一変する。それまでは「ガンガンと主張している人のほうが、どう見ても優勢だ」という印象を持っていたのに、「言われてみれば、この人はただカッカとして自分の正しさばかりを主張している。それに対して、もう一方の人は冷静に議論をしようとしている。大人だなあ」と印象が変わる。ギャラリーが心理的に味方になってくれると、その場の雰囲気全体が変わり、主導権は冷静な人のほうに移っていく。

冷静さを失わず、ギャラリーを味方につけるという方法を狙っていけば、相手は

自然に浮き足だってくる。ギャラリーを味方につけるためには、相手の言い分もよく聞いているというようにフェアな態度を示しておくことも重要だ。そのうえで、冷静に対応をすれば、相手は自滅してくれることが多い。

逆に、相手の挑発に乗ってこちらがカッとしてしまったら負けである。メタ認知を働かせて、相手と自分の感情状態をよく観察しながら、冷静に対応していれば、どこかで相手がほころびを出し、何とかなるものだ。

もっとも、夫婦ゲンカや恋人同士のケンカのときには、相手を感情的にさせるとよいことはない。冷静に見てくれているギャラリーがいるわけではないから、ギャラリーを味方につけることはできないし、「もっと冷静になれよ」などと言ってしまえば、相手の怒りの感情を増幅させてしまい、手に負えなくなることがある。だから、配偶者や恋人とのケンカでは相手が感情的になったら、一も二もなく謝ってしまったほうが得策だ。

しかし、ビジネスでの議論など、社会的ケンカの場合は、身内同士のケンカとはワケが違う。社会的なケンカの場合には、どちらの問題解決案が上なのかという中身で争うわけだから、相手が感情的になったからといってビビる必要はなく、むしろ「自分に勝機が出てきた」と考えて、ひたすら冷静になって相手の失言や論理矛盾を待つことだ。

最低限の冷静さを失わずにいれば、案外とケンカは勝てるものなのである。

怒りの感情で相手の判断力を誤らせる

普通のビジネス上の議論においては、議論が終わって一応の結論が出れば、その後は議論した相手といっしょになって仕事をしていかなければいけないことが多い。別々に仕事をするにしても、同じ社内にいるわけだから何らかの形で人間関係を維持していかなければならない。したがって、相手を極端に不快な状態にしてしまうのは得策ではない。こちらから、相手を感情的にさせるように挑発するというのは、本来は避けたほうがよい。

しかし、ケンカの種類によっては、相手がヒートアップしすぎて仲直りはもはや無理だと判断できる場合もある。「こいつとは永遠に味方にはなれない」と感じることもあるだろう。そのように、相手との今後の人間関係を断ち切ってもかまわない場合で、相手を叩きのめしておかなければならないときや、どうしても自分の案を通さなければならないときには、相手を挑発して感情的にさせるというのは勝った

めの一つの手段となる。

ガンガン怒鳴る部長に対して、「そんな歳になっても感情の抑えがきかないんですね」というようなことを言って、火に油を注ぐとか、相手の欠点をズバリと指摘して、相手をバカにするという手もある。人間が一番腹が立つのは、バカにされたときだ。バカにされると、たいていは感情的に怒りを露《あらわ》にする。そこがつけ目だ。

感情的になると、人間はロクな判断をしなくなる。何が何でも相手を倒すために、論理が矛盾していようが何だろうが、相手を否定しようとする。そんなときには、失言や論理矛盾が出てきやすくなるので、議論を優位に進めることができる。相手を挑発して感情的にさせながら、こちらは冷静でいることができれば、いくらでも論理的な矛盾点を突っ込むことはできるだろう。

相手が露骨な人格攻撃に出てきたりすれば、ギャラリーも「なんて、ひどい言い方をするんだ」という印象を持ってくれる。ギャラリーを味方に引き入れながら、相手の判断力を怒りの感情によって誤らせ、自滅を誘うのだ。相手は論理でもボロを出し、そのうえギャラリーの反感も買って孤立するという最悪のシナリオをたどることになる。

ただし、一般論から言えば、相手をあまりにも怒らせるのは避けたほうがよい。

相手の顔をつぶせば、恨みが残るからどんな仕返しをしてくるかわからない。根に持たれると、その後ずっと反撃を繰り返されるかもしれない。だから、無理に挑発をするよりも、囃《はや》し言葉程度に控えておくというほうが無難だろう。

「こんなバカな話、聞いたことがない」とか「あなたは実状を何もわかっていない」とか「そんな言い方をするなんて、ひどいじゃないですか」など、その場限りの売り言葉、買い言葉程度で済ませておいたほうがよい。相手の本質的な欠点を突くというのは、カッとさせる分にはいいけれど、恨みを買うから、後々のことをよほど覚悟しておかなければならない。露骨に挑発をするのは、あくまでも最終手段である。

認知的不協和をどう起こすか

認知的不協和については、第2章で、自分が認知的不協和を起こさないためのコツを述べた。逆に、相手に認知的不協和を起こさせることは、勝つための一つの方法だ。相手に認知的不協和を起こさせれば、勝機が出てくるということである。

もう一度説明をすると、認知的不協和というのは、自分がこれまでやってきたことを否定したくない、自分のつくってきた自己イメージを否定したくない、要するに新しい情報やシチュエーションが自分のこれまでの認知と合わないことによって生じる不快感を避けたいという心理のことだ。

サギ師に騙されている人に対して、「あなたは騙されている」と指摘しても、「いや、あの人はそんな悪い人じゃない」と否定する人が多い。騙されていると認めると、自分がそれまでにお金をたくさん払ってきたことについて、「なんて、私はバカだったんだ」と思わざるをえなくなる。自分で自分を否定することほど辛いことはないから、「自分は騙されていたんじゃない。あの人はそんな悪い人じゃないんだ。たとえ騙していたんだとしても、何か特別な事情があってそうしていたに違いない」とあくまでも自分を否定することを避けようとする心理が働くのである。この認知的不協和を利用して、相手を自己否定したくない気持ちに追い込めば、有利な方向に議論をリードしていける可能性がある。

たとえば、相手がコストカットを提案し、自分が販路拡大を主張しているとき、相手が男気のある人であれば「たしかに環境は厳しいですが、コストカットで逃げるというのは、男じゃない。ここは攻めの営業をすべきです」というような言い方をする。すると相手は、自分を男っぽい人間だと思っているのに、「コストカットをするなんて男じゃない」と言われてバカにされるシチュエーションを避けるため、「オレも男だ。それじゃあ、やってやる」と販路拡大案に乗ってくる可能性があるのだ。つまり、自己イメージである男っぽさを自己否定しなければならないのはとても辛いので、そのかわりに自分の案であるコストカットのほうをあきらめるというわけだ。

あるいは、すでに多額の投資をしている案件をやめるべきだと主張している人に対しては、「これほど多くのお金を注ぎ込んでいるんですから、もうあとには引けません。最後までやり抜きましょう」と言えば、「たしかに投資額がもったいないから、続けたほうがいいかもしれない」と気持ちが揺らぐ可能性がある。ムダなことに投資をしてきた自分たちがバカだったということを認めたくなくなるのである。

つまり、あとには引けないとか、約束してしまった以上やるしかないとか、それまでの努力をムダにしたくないとか、ここで引いたらメンツにかかわるというように持っていくのだ。もちろん、それが会社のためになる場合に限る。つまり、前述の販路拡大にもっていく場合も、巨額の投資であとに引けないように仕向ける場合も、自分の主張を通そうとすると会社が大損するかもしれない案件であれば、将来、自分のクビのほうが危なくなる。あくまでも自分の側には認知的不協和はない、会社にとって得になるはずだという信念があればこそということは忘れてほしくない。

さて、認知的不協和を効果的に使うためには、あらかじめ相手の自己イメージを探っておかなければならない。それには第3章で述べたように「共感」を用いるといいだろう。

相手の立場に立って、相手の人ならどう思うか、どう行動するかと常に想像する習慣をつけておく。そうすれば、相手が自分のことをどう認識しているかということが読めてくる。その人が一番思いたくないこと、一番思われたくないことを読んでおいて、それを利用するのだ。

先ほどのように相手が自分のことを男っぽいと思っているようなら、男っぽくないと思われることが一番辛いはずだから、「これができなきゃ、男じゃない」という論理を展開すればいい。親分肌の人で、部下から慕われていると思っている人に対しては、「ここまで選択肢が狭まったんだから、そろそろ決断していただかないと。これ以上結論を先延ばしすると、部下も失望しますよ」と、部下に慕ってもらえなくなるという論理を持ってくる。

あるいは、自分が頭がいいと思っている人に対しては、「部長ほどの頭のいい人がこんなに迷うとは思いませんでしたよ」というようなことを言うのである。

こうしたことを言うと、相手は自己イメージを崩したくない、それまで自己イメージを作り上げるために努力してきたことを無駄にしたくない、という心理が働き、冷静さを欠いた結論を出しやすくなる。

要するに、相手が冷静さを取り戻すとうまくこちらの主張を通せなくなるので、できるだけ考える時間をつくらせず、その場ですぐに決断を迫ることがポイントだ。

うつで悲観的になっているときの攻め方

ケンカをするときも、自分の要求を通そうとするときも、相手の心理状態によって戦い方は大きく変わってくる。相手が元気で、躁状態にあるときにケンカを売るようなことは、なるべく避けるべきだ。躁状態のときはエネルギーいっぱいで強気だから、こちらが勝てる可能性が減ってくる。強気でイケイケ状態の部長に対してリスクを指摘する提案をしても、受け入れてもらえる可能性はほとんどないだろう。

逆に、相手が落ち込んでいるときや、悲観的になっているときなど、うつ的な状態のときに、議論をしたり、提案を持っていったりするほうが勝つ可能性は高いと言える。

うつ的な人は弱気になっているので、こちらが「これは可能性がありますよ」と明るい展望を強気に示せば、少しでも希望があるならそれにすがりたいという心理が働いて、提案が簡単に通るかもしれない。反対に「これは、失敗の可能性があるから中止したほうが得策に思えます」などと言えば、弱気の気持ちにフィットして、すんなりと提案が通ることがある。

うつ的になっている人の認知パターンというのは、こちらがダメだと言うとすぐに引いてしまい、こちらが自信ありげな態度をとると、そのままそれにつられてしまうということが起こりやすい。

だから、感情の波があるような人に対しては、自信満々のときに議論をふっかけたりせずに、悲観的になっているときに自分の主張をするほうが、有利に事を運べる。

周期的に落ち込む人や、うつ的になる人というのは、人口の二割から三割くらいはいると言われているから、現実の交渉術としてタイミングを見計らう戦術は、使える場面が多いはずだ。さらに言うと、生物学的にみると相手が年上であればあるほど、うつ的になる確率は高くなるから、上司が元気のないときに思い切って自己主張をし、交渉をし、あるいは下克上を図るということが、勝つ確率を高めることになる。

相手がうつ的な状況のときを狙うというのは、倫理的な問題としては好ましくないことだと私は思うが、しかし、それをやらざるをえないということはビジネスの世界ではあると思う。

それは、スポーツの世界を見ても、よくわかる。たとえば、プロ野球では、強いチームというのは負けが込んでいるチームに取りこぼさないものだ。連敗しているチームの選手たちは、「また今日も逆転されるんじゃないか」などと不安を抱えながら戦っていることが多いが、強いチームは、そういう相手に対して容赦なく強気で「必ず勝てる」「必ず逆転できる」という姿勢で戦っていく。「今日あたり、相手の連敗はそろそろ止まるんじゃないか」などと不安げに戦っていたら、勝ち運も逃げていってしまうだろう。

三連戦のカードでは、二勝一敗だと一つしか貯金が増えないが、三連勝をすると三つ貯金が増える。結局は三連勝をいくつするかというのが、最も効率的に貯金をしていく方法なのだ。それには、弱いチームを徹底的に叩いて、お得意さまをつくっていくことが一番よい。当面の敵である二位チームにどれだけ勝ったかよりも、お得意さまをつくって徹底的に叩いたチームが優勝することが現実に多いものだ。

ビジネスの世界でも、雪印乳業や雪印食品がマスコミの袋叩きにされているあいだに、得意先回りをしたり、販路拡大を目指したライバル社は結局シェアを伸ばしている。

スポーツであれ、ビジネスであれ、実力的に伯仲しているのであれば、相手が弱いときに叩く、弱い相手に取りこぼしをしないというのが原則だ。生存競争をしているわけだから、倫理的にはともかく、相手が弱い状態にあるときに戦っていかないと生き延びていけないこともある。

敵を知るためには、まず観察

前項で述べたように、一般的には、相手が強気なときよりも、弱気なときに、議論をしたほうが勝ち目は増える。しかし、相手のパーソナリティによっては、逆になるということもあるので気をつけなければならない。

気分が落ち込んでいるほうが、自制心が働いて冷静な判断を下せるが、ハイになっているときには、調子に乗っていい加減な結論しか出せないという人もいるからだ。こういう人と議論するときに、相手が滅入っているときを見計らって議論を挑むと、むしろ論理的に負けてしまうことがある。それよりは、相手が元気いっぱいのときに議論をしたほうがボロを出してくれるかもしれない。

相手によって戦略を変えるためには、相手のタイプをよく観察しておくことが必要だ。その人がどんな感情状態のときに正しい判断を下す人なのか、どんな感情のときに自滅していく人なのかをよく見極めておくことだ。人間というのは、コンピュータと違って、いつも同じ答えを出すとは限らない。感情状態によって出す答えが違ってくる。それをよく観察したうえで、一番こちらに都合のよい結論を出してくれそうな感情状態を見計らって議論を挑むようにすべきである。

人間の場合は、感情状態に限らずいろいろな条件の下で、出す結論が変わってくるので、それもよく観察しておいたほうがよいだろう。相手の感情パターン、相手の行動パターンを知ったうえで勝負をしたほうが、勝つ確率が高くなるのは当然だ。まさに「彼を知り、己を知れば、百戦危うからず」である。

ただし、気をつけなければいけないのは、相手がうつ状態のときに、相手をさらに心理的に追い込んだりすると、自殺を考えたり、社会的に生命を失ったりする人がいるということだ。そのような最悪の事態に追い込んでしまったら、いくら議論やケンカに勝っても、周囲の人たちから多くの非難を浴びることになるだろう。相手の家族や仲間の人から恨みを買うということもありうる。それでは本当に勝負に勝ったとは言えない。

生き残りのために手段を選ばないという場合も、後々の自分の評判などもよく考えたうえで、人間としての評判を落とさないようにやるべきだ。

属人的発想を読む

ケンカをするときに一番多いパターンは、「こんな奴の言うことだからすべて間違っている」と結論づけてしまう論法だ。それは「嫌いな人の言っていることはすべて間違っていて、好きな人の言っていることはすべて正しい」という発想である。これを「属人的発想」と言う。

一方、誰が言っているのかにかかわらず、議論の中身そのものを重視するのが属事的発想だ。相手の発言の中身がよければ、それを認め、悪ければそれを否定する。発言者の人格と議論の中身を分けて考える発想である。

前者の属人的発想の場合、最終的には、相手のことを好きか嫌いかという点に帰着するため、まったく論理的な議論にはならない。感情がすべてを支配することになる。したがって、属人的発想をする人とは論理的な議論をしようとしても意味がない。

政治の世界では属人的発想に基づいた議論はよくある。相手の政策を批判しないで、相手の人柄を批判する人格攻撃だ。「この人は過去にこんな女性スキャンダルがある。そんな人が言うことは信用できない」という論理である。

政治の世界ではこういう議論が通用するのだが、企業社会はそれではやっていけないと思う。とくに、人を使う立場にいる人なら、部下の性格と能力をはっきりと分けて考えないと、上手に部下を使うことはできないだろう。人格ですべてを決めていたら、社内で相手の能力を上手に使いながらやっていくことはできないはずだ。

「この人は女にはだらしないけれども、すごく交渉能力はある」とか、「ちょっとずるいところがあって上司に媚《こび》を売るような奴だけれど、能力は高い」というように、能力の部分を認めて使っていく必要がある。

議論の場においても、相手のよいところを認めていけば、恨みを買わずに済む。議論を見ている人に対しても、「嫌っているから反対しているんじゃない」と思われたほうが、こちらの言っていることが正しいように映るものだ。

たとえ、相手のことが嫌いだとしても、相手の意見を全否定するのではなく、「あなたの言っていることには正しいことがたくさんあると思います。ただ、この点は間違っているんじゃないかと思う」とか、「それはおっしゃるとおりだと思います。ただ、この点は理屈に合わないんじゃないでしょうか」と言うほうが、周りの人にフェアな印象を与えられるはずだ。相手も自分のことをいくらか認めてもらえるので、攻撃の度合いが弱くなってくるかもしれない。

相手が一方的に人格攻撃を仕掛けてきた場合でも、それに対して人格攻撃で応酬しないで、属事的発想で臨めば、ギャラリーの人たちは、こちらに味方してくれることが多くなるだろう。冷静さを失わず、あくまでも属事的発想で対応し、相手が周囲の人から浮いていくのを待つというのがポイントだ。

第5章

ケンカに負けても生き残る方法

✸「勝つ人間」よりも「負けない人間」が勝ち残る

「ケンカには必ず勝たなければいけない」と思っている人が多いだろうが、私はそうは考えてはいない。勝つに越したことはないけれど、最終的には負け残りにならない人間のほうが強いと思っている。

生き残るためには、負け上手になることも必要だ。負け方が下手な人間というのは、ずっと勝ち続けていても、一つ負けただけで、その場から退場しなければならなくなる。そもそも市場原理や競争原理というのは、負けた人間は市場から退場するというのが原則だから、退場するような負け方をしてしまっては、当たり前のことだけれども生き残ってはいけない。

それに対して、負けたのか勝ったのかわからないような状況を作り出せれば、市場から退場しなければならないということはなくなる。引き分けに持ち込むのも一つの方法なのだ。

企業社会のなかで競争に敗れ、たとえ遠隔地に飛ばされようとも、窓際で飼い殺し状態にされようとも、会社にしがみついていれば、次の勝機をうかがうことはできる。ともかく生き延びていれば、状況が変われば、次の勝負には勝てる可能性はあるのだ。

戦国時代の武将を見ても、負け戦で潔く自刃した武将もいれば、恥を忍んで逃げ出し、その後に力を蓄え、最終的には敵に勝ったという武将もいる。徳川家康などもそういうしたたかな武将の一人だ。逃げて生き延びれば、完全な負けにはならない。引き分けとはいわないまでも、完全な負けではないのだ。企業内での競争でも、負けたからといって潔く自分から退場をする必要はない。退場してしまったら、次の勝機はなかなか訪れなくなる。完全な負けにせずに、細々とでも生き延びるしたたかさが必要だと思う。

世の中には九勝一敗でも、その一敗のために退場しなければならなくなることがある一方、あまり勝てないのに負けないために生き残っているというケースも多い。勝率を考えてもらえばわかることだが、九勝一敗より、一勝九分けのほうが勝率は高いのだ。

✵適当なところで終戦に持ち込むテクニック

壊滅的なダメージを受けない程度の負けに抑えるための方法の一つは、終戦だ。「敗戦」ではなく「終戦」である。

日本は、日露戦争のときにはうまく終戦に持ち込むことができた。日露戦争では日本が勝ったというわけではなく、日本が優勢のときにアメリカが仲介をしてくれて、講和条約を結んだから有利な立場で終えることができた。

ところが、第二次世界大戦のときには、海軍は勝っているあいだにやめようと努力をしたけれども、陸軍などの反対にあってそれはうまくいかなかった。そして、原子爆弾を投下され壊滅的状態になってから、完全な負けを認め無条件降伏を受け入れた。だから、八月十五日は「終戦記念日」と言われているが、本来は「敗戦記念日」と言ったほうがよいくらいである。

ビジネス社会においても、負けそうになったときには、無条件降伏のような徹底的な敗北を迎える前に、できれば余力を残して終戦に持ち込むことである。

会社が倒産しそうになったときでも、負け方はいろいろある。破産による会社清算のほか、生き延びる方法としては、会社更生法申請や民事再生法申請などがある。事実上の倒産にまで至ってしまうと、身動きがとれなくなるかもしれないが、もう少し前の段階なら、会社売却交渉などをして再建を支援してもらうことも可能かもしれない。無条件降伏状態になる前に、売却交渉や業務提携の交渉を行なえば、少しはよい条件で生き延びられることになる。

いずれにしても、「負けそうだ」「うまくいきそうにない」と思ったら、早めに対処をしないとダメージは増すばかりである。

株式投資にしても、多くの人は損をし始めても、なかなか損切りができないものだ。損失を確定させたくないという気持ちと、「また上がるのではないか」という甘い幻想を抱いてしまうために、その株を持ち続け、悲惨な状態にまで追い込まれる。かく言う私も株式投資では損切りをできずに、大損をしたことのある一人だ。

敗戦になる前に、終戦に持ち込むというのは現実には相当難しいことなのだろうが、それでもできるだけ傷は浅いほうが、その後に生き延びやすくなる。何とか終戦の方法はないものか探ってみることだ。

一方、勝負に勝っている場合にも、なかなかその勝負を終えにくいものだ。持っている株が値上がりしていると、「もっと上がるのではないか」と思って売ることができないのと同じだ。

しかし、適当なところで勝負をやめるというテクニックはとても重要である。麻雀などの場合には、勝ち逃げすることは許されないかもしれないが、一般的には勝っているときにやめるというのが賢い方法と言える。

自分が優勢な状態のときには、相手は「これ以上攻め込まれたらどうしよう」「完全に敗北してしまったらどうしよう」と不安感が強まっていることが多い。そこで勝っている側から終戦を持ち出されると、ホッとするものだ。「あんまりケンカしていてもしょうがないから、お互い協力してやっていきませんか」と提案すれば、こちらがイニシアチブを持ったうえで、戦いを終えることができる。さらに戦い続けていれば、相手に逆転される可能性も残っているのだが、そこでやめれば自分が上、相手が下というイメージを定着させたままやめられるのだ。

✸勝ち負けを冷静に読む

負けそうになったら、できるだけ傷が浅いうちに終戦し、勝っているときには、できるだけ優勢な立場のままに終戦をしたい。そのためには、勝ち負けを冷静に読むことが重要になる。

ビジネスの世界であれば、たいていの場合は、勝つか負けるかということは客観情勢を分析すれば見えてくる。自社の財務体力や資源などを分析していけば、ある程度は予測がつくだろう。それを見極められなくするのは、感情である。

感情的になるから、冷静な分析ができなくなり、判断を誤る。カッとしたり、落ち込んだりせず、あるいは、驕《おご》った気分になったりせずに、合理的に分析していけば、勝敗の行方やどの程度の勝ち負けで終わりそうかということはわかってくるはずだ。

ただ、ここで一つ障害となってくるのは、周りの人たちだ。客観的に見て負けそうだと判断して終戦に持ち込もうとしても、周りの人たちが「何をバカなことを言っているんだ。勝てるに決まっている」「戦う気概がないのか」というようなことを言い出さないとも限らない。太平洋戦争で海軍が戦争をやめようとしたときに、それを許さなかった人がたくさんいたことを見ても明らかだろう。

会社で自分がリーダーとしてチームを引っ張っている場合で、負けることが見えているのに、終戦に反対する部下がいたら、きちんとした客観情勢を説明して理屈で説得をするほかない。そこで部下たちの熱い意欲にほだされて、勝負を続けてしまったりすると、結局は自分も部下も傷を深くすることになる。部下のためにも、勇気を持って終戦を説得しなければいけない。

逆に、自分が部下の立場にいて、負けが見えているにもかかわらず、上司に判断力がなく、「もっと頑張れ、やればできる」というようなことを言われたとしたら、逃げる準備をしておいたほうがよい。「このプロジェクトはもうダメだ」「この部長は責任をとって飛ばされる」と思ったら、それ以上そのプロジェクトには深入りせずにリスクヘッジをしておくべきだ。

第二次世界大戦のときにも、敗戦を読んでいた人たちは、軍事産業には深入りしないで、多少英語を勉強するというようなことを陰でしていたようだ。もちろん、そういう人たちが敗戦後、重用されたのは言うまでもない。

負けたあとのことを考えて準備をするということは、潔い感じはしないが、生き延びて最終的に勝負に勝つためには、仕方のない方法と言えるだろう。

負けても味方にしたくなる人間とは

明治維新のときには、幕府側のなかで「こいつはすごい奴だ」と思われた人は、新政府でも上のほうに登用された。歴史上は、敗れた側のなかにも、勝った側が味方にしたくなる人間が何人もいたようだ。勝負をする以上は、勝ち負けはわからないので、負けたとしても相手が味方にしたくなるような人間でありたいものだ。

つぶれた会社のなかでも、こいつだけは雇っておきたいとか、ケンカしたグループのなかでこいつはなかなか見どころがあると思わせるのも、重要な生き残りの術と言える。

負けても味方にしたくなる人間になるためのポイントは三つある。

一つ目のポイントは、「人の悪口を言わない」ということだ。戦っている相手や元の仲間をボロクソに言うような人は相手から恨みを買ったり、信用のできない奴と思われたりするだけである。相手の議論の内容を叩くのはよいが、相手の人格を攻撃するようなことは避けるべきだ。

二つ目のポイントは、負けた責任を他人に転嫁しないということ。自分の負けを認めず、無責任を通すような人は、敵から見てもまったく魅力はない。そのような人を味方にしたら自分たちもとんでもないことになるかもしれないから、そういう人を引き入れようとはしないはずだ。

三つ目のポイントは、徹底的に上の人に忠誠を誓う人。負けるとわかっていても、上の人に忠誠を尽くしてついていく人もまた魅力的に映るものだ。最後までついてきてくれる人を部下に持ちたいと思うのは、誰でも同じだろう。

最もまずいのは、中途半端なタイプだ。負けるとわかって真っ先に裏切るような人は、ある意味で先の読める人だから、その知略においていずれは頭角を現すということもありうるし、最後まで負け戦についていくという人も、人間的に信用できる人という点で頭角を現す可能性がある。ところが、中途半端についていき、みんなが逃げ出してから、遅れて自分も逃げ出すというような人は、誰からも信用されない。

会社が傾いてきて、希望退職を募り始めたときに、最初に応募して転職をする人たちは、先の読める人だから転職先はわりとある。しかし、さらに事態が悪くなって、二回目、三回目の追加希望退職でようやく手を挙げるような人には、もうあまりよい転職先は残っていない。

ところが、三回目も四回目も希望退職に応募せず、会社がいよいよ倒産するということがわかっても、なお会社再建のために会社に残って頑張っている人というのは、むしろ信用をされるはずだ。転職が厳しくなることに変わりはないが、真っ先に転職を決めてうまくいった人から声がかかるということがあるかもしれない。

誠
誠

負けが見えているときには、いち早く逃げ出すか、いち早く寝返る。あるいは、最後までみんなといっしょに戦い抜く。どちらを選ぶかは個人の価値観によるが、一番よくないのは、そのどちらでもない中途半端な身の処し方である。

✸現実的な解決法をバカにしない

勝負をするときに、理想的に勝つことができれば言うことはないし、負けるときにも理想的な負け方ができればいいのだが、たいていの場合はそういうわけにはいかない。中途半端な勝ち負けでグレーゾーンで終わるということが多い。したがって、白か黒か決着をつけるやり方だけではなく、現実的な解決法というのも知っておいたほうがよい。

たとえば、『失敗学のすすめ』（講談社）の著者として有名な東大名誉教授の畑村洋太郎さんは、面従腹背、被害最小の論理、仮想仕事の原理という三つの方法を挙げている。

面従腹背というのは、勝てるほどの力がないうちは下手に上の人とケンカをしないという戦法だ。

旧ソ連のゴルバチョフ元大統領は、長いあいだ共産党のエリートとして強い改革の意志を持っていたのだけれど、偉くなるまでは決してそういう態度は見せなかった。共産党内で上の人の言うことをすごくよく聞いて、上の人にかわいがられて、トップにまでなった。しかし、トップになったとたんにガラリと変わって、自分のやりたいように改革を行なった。力をつけるまでは逆らってもつぶされるだけだとわかっていたから、面従腹背を貫いたのだと思う。

下手に逆らってしまうとずっと恨みを持たれたり、いじめられたり、こちらのほうがつぶされてしまいそうなタイプの上司のときには、自分の実力がつくまでは逆らわずについていくというのも生き残りの作戦だ。

実力のある社長には逆らわないで、いつか自分が引き上げてもらったあとに、方針を転換し、自分のやりたいようにやればよい。創業社長やオーナー経営者でなければいつかは辞めていくのだから、勝負を急がずに、自分が権限を持ってから勝負をかけてもよいのだ。

いまの部長が強引なやり方をしていて、「このやり方ではうまくいかない」と内心思っていても、実力のある部長には逆らわずに、勝負を先送りする。そして、その部長が異動して新しい部長が来たときに、自分の案を提案してみて受け入れてもらうという方法もあるだろう。

ケンカをするということは、その場で自分の案をつぶされてしまうという危険性もあるわけだし、その相手が社内で失脚しないで昇進を続けていったようなときには、ケンカをしてしまうと恨みを買ってやはり損をする。よい案を持っているときほど、誰に対して提案するのかというのは大きなポイントと言える。そういう場合に、直接の上司が提案に向かない人だと判断したならば、当座は自己主張せずに、とりあえずそのセクションのなかで生き残ろうというのがこの面従腹背の考え方だ。

二つ目の被害最小の論理というのは、失敗すると思ったときに、自分の被害が一番少なくなるようにすることだ。前もって寝返る準備をするとか、自分に責任がかかりそうな部分は少しずつはずしていくというようなことである。要するに、あるプロジェクトが失敗しそうになったときには、自分からジョーカーをつかむ必要はなく、誰かにジョーカーを引かせればよいのだ。最悪の場合は、わざと病気をしてズル休みをしてでも、自分の被害が最小になるように策略を練るべきだ。

裏切りや責任逃れの汚いやり方に思えるかもしれないが、負けがわかっているのに自ら責任をかぶりにいく必要はない。一般的なケンカの本の場合は、「潔く責任を認めよ」というような建前論を言っていることが多いが、現実的な解決法というものも私は知っておいたほうがよいと思う。裏切り者と言われても、生き延びたほうがいい場合があるはずだ。

精神科医としてうつ的な人を治療している立場から言わせてもらえば、責任感が強いというのは、メンタルヘルス上は必ずしもよいことではない。会社でのプロジェクトが失敗したときに、その責任がすべて自分にあるかのように感じて、精神的なダメージを負い、自殺したくなるほど追いつめられるという人もたくさんいるのだ。そのような最悪の状況にならないためには、ときと場合によっては、むしろ開き直って責任逃れをすることもメンタルヘルス上は必要だ。

三つ目の仮想仕事の原理というのもおもしろい考え方だ。組織というのは、出来の悪い人よりも足を引っ張る人のほうにむしろ困るものだ。足を引っ張る人をプロジェクトに参加させると、戦力にならないどころかマイナスになってしまう場合がある。そういうときには、その人をプロジェクトからはずさざるをえない。ただし、単にはずすというわけにはいかないし、それによって相手が不満から余計に邪魔になることをしないとも限らないから、「次のプロジェクトの企画を練っておいてくれ」というように、一見大事そうに見えて実は意味のない仕事をやらせて、プロジェクトからはずすという手があるのだ。出来の悪い人であっても、少しでも戦力になるのであれば、全員が参加したほうがよいが、明らかに足を引っ張るという人は、プロジェクトにマイナスに働く可能性もあるので排除をしなければいけない。それができないと、プロジェクトの失敗で必要以上に大きなダメージを受けることになりかねない。

倫理的に正しいかどうかはともかく、感情にとらわれず、現実的な解決法ができないと、大きな失敗につながりかねないということだ。

✸負けをきっかけに自己改造する失敗学

何度も述べているように、負けるということは現実問題として十分にありうることだ。むしろ全勝をするということなどほとんどありえない。

そこで、負けたときにそれを失敗と認めてそこから何を学ぶか、あるいは何も学ばないかということは、その後の勝負にとって非常に重要になる。

一番まずいのは、失敗したにもかかわらず、やり方を変えないということだ。それでは、次も同じ失敗を繰り返す。

立ち直れないほどの負債を抱えるというようなことがない限り、失敗をきっかけに自分をうまく変えていけば、次に勝てる可能性はいくらでもある。

「この点が失敗だった」「ここを変えればうまくいくかもしれない」「販売の仕方をこう変えたらうまくいっていたかもしれない」というような分析をすぐに出せる人は、周りの人が「また使ってやろう」「またあの人に頼もう」と思ってくれる。失敗の原因を自分なりに分析してレポートとしてまとめておくのもよい。その失敗レポートを開示しながら、次のアイデアを売り込むという手もある。

敗北や失敗というのは人生にはつき物だから、それを機に自己改造をし、自分が変わっていけば、「あいつは負けることによって成長した」という高い評価を受けることもできる。

その反対に、負けから何も学ばずに同じやり方を繰り返していたり、一度の失敗で落ち込んだり、自分はダメな人間だと思い込んだりして、失敗が失敗を生む悪循環をつくることが最もまずい。

私もいろいろな失敗をしているが、その都度学ぶことはできたと思っている。学生のころに共同経営でつくった塾を追い出されたことがあり、二度と共同経営はしないようにしようと思ったし、儲かっていないときにはお互いに頑張っていて「いい人間」に見えるけれど、儲かり出してからは人は変わるということもよくわかった。儲かり出すとお互いのエゴが出始めるから、気をつけなければならないと自分を戒めている。

✸戦い続けることの意味

人生に負けはつき物だといっても、立ち直れないような負けは避けなければいけない。そのような負け方をしては人生が終わってしまいかねない。

立ち直れる程度の負けであれば、生き延びていればまたチャンスは来る。

日本マクドナルド創業者の藤田田さんは、「全財産の三分の一を使ってベンチャーをやれ」と言っている。どうしてかというと、全財産の三分の一の資本で始めれば、一回目にベンチャーがうまくいかなかったときに、そこから学んで二回目のベンチャーを立ち上げられる。それでもダメなときにはまた三回目のベンチャーをやれる。その都度学んでいき、商売としてソフィスティケートされたものになっていくのだから、三回あれば成功する確率も高くなるというわけだ。ある意味で、失敗を織り込み済みでベンチャーを始めよ、ということである。

ところが、多くの人は「これは絶対にうまくいく」と思い込んでしまい、全財産を賭けてベンチャーを始めようとする。それでは、失敗したときに二度と立ち上がれなくなる。そのようなやり方をしていては、成功する確率は低いのだ。

完全な負けを喫しなければ、何らかの形でずっと戦い続けることができる。そのうちに芽が出てくるということもあるかもしれない。チャンスが転がり込んでくることもあるかもしれない。この分野が得意だと思えば、あきらめずに細々とでも長く長く続けることが一番成功に近づける。

自分の才能に見切りをつけてしまわず、あきらめずに続けることが大切だ。

勝てないケンカを選ばない、しないで済むテクニック

自分の不得意分野に関しては早めに見限って、得意な分野に集中するというのも重要なことだ。

私自身の例で言うと、本を書くということに関しては、勝負できる分野だと思っていたから、ずっと書き続けようと決心してきた。

初めは、書店で「和田秀樹」という名前を全然認知してもらえない時代がずっと

続いていたが、その後、受験参考書売場で多少は知られるようになった。とはいっても、大型書店の一階の売場ではまったく無名の著者に過ぎなかった。私としては、一般書でも勝負をしたいと思っていたので、ともかく受験技術の指導書を書き続けてチャンスを待っていた。出版社もその手の本以外はなかなか出させてくれなかったが、『大人のための勉強法』(PHP新書)という新書を書かせてもらって、ようやくヒットを出すことができた。ただ、新書コーナーでは売れたものの、大型書店の一階で売れるようなベストセラーではなかった。

しかしながら、新書が一冊売れたということで、一階にも置いてもらえるような本の企画が次から次へと舞い込んできた。これは私にとってはとてもうれしい状況だった。まだ大ヒットはないけれども、それらの仕事を断らずにずっとやり続けることで、ときどき小ヒットは出させてもらっている。

大ヒット作を出すまでには、さらにステップを踏まなければならないと思うが、それでもこの分野に関しては比較的順調に来たと思う。それは、知り合った出版社の編集者の人たちに恵まれたということが一番大きかったけれども、自分自身ではしつこくやり続けているということもその要因だと思っている。

大ヒットを目指して年に一冊すごい本を出すというやり方もあるだろうが、そん

なに簡単にはいかない。書き続ける以外に大ヒットを生む道はないだろう。

一方で、私にはまったく才能がなさそうだから完全に見限ったものもある。それは、女遊び、ギャンブル、スポーツだ。私は女性にもてるということもないし、運動も苦手だ。だから、これらの分野で勝負しても勝ち目はない。そこで勝てそうな執筆に力を入れてきた。

医者として大学の世界に残らなかったのも、私は教授などの上の人にかわいがられるようなタイプの人間ではないということがわかっていたから、高い評価は望めないと思ったためである。

しかし臨床家であれば、腕がよければ患者さんが評価をしてくれるようになる。それによって医学の世界で影響力を持つことができるかもしれないし、本を書くことによって多くの人に医学や心理学を伝えたほうが、医学のために貢献できるかもしれないと思っている。

ケンカをするときに、同時並行でいくつものケンカをするという人もいるかもしれないが、普通はそこまでのエネルギーはなかなか持てないものだ。だとしたら、勝てないケンカではなく、勝てるケンカに集中したほうが、人生においてうまくいく可能性が高くなると思う。

私が女遊び、ギャンブル、スポーツをしないのは先に述べた理由からだが、現実問題として本を書いたり、医者の仕事をしたりするのが忙しくて、そういうことをしている時間はない。こんなに忙しいのに、彼女をつくろうとか、株の勉強をしようという気持ちにはなかなかなれない。もちろん、女性とつきあえればうれしいとは思うし、株ももっとやってみたいのだが、忙しいためにそういう誘惑を避けられているという面もある。

つまり、得意な分野に集中していてそれが忙しければ、不得意な分野の誘惑を避けられる予防効果もあると言えよう。一般的に言うと、勝てるケンカで忙しい人は、勝てないケンカをするヒマがなくなる。

人生という限られた時間を有効に使うには、勝てる勝負、得意な分野に特化することが一番効率的である。

✸負けを目立たせないテクニック

私はテリー伊藤さんとも対談本（『病院のカラクリ、医者のホンネ』、アスコム）を出させてもらっているが、その際に、テリーさんは「自分にも失敗した企画がたくさんある」とおっしゃっていた。有名になる前も、なってからも、失敗した企画がかなりあったそうだ。しかしそれがほとんど目立っていないのは、それ以上にヒット作が目立っているからだと思う。

私も本を年間三十〜五十冊も書いているから、売れていないものも山ほどある。しかし、多少売れる著作がいくつかあるために、売れない本が目立たずに済んでいる。

「大勝」ではなくても、「勝った」という実績をいくつかつくっておけば、それまでの負けはあまり目立たなくなる。だから、若いうちや世に名前が出る前は、どんどんチャレンジをしておいたほうがよい。そのあいだであれば、負けてもそれほど目立たないから、大丈夫なものだ。有名な人間でない人の失敗や負けなど、誰も気に留めるものではない。

負けを目立たせないためには、勝負の舞台を別の方向に転換するという手もある。

たとえば、石原慎太郎さんや田中康夫さんは転身をうまく図った人たちではないかと思う。もちろん、二人は小説でダメだから政治家になったというわけではないが、二人ともかつてのような大ヒット作を出すということはなくなってきていた。

残念なことだが、大ヒットがある人の場合は、ほかの人より売れる本を書いていても、前の本と比べられ、相対的に「負け」に見えてしまう。過去の栄光と比べられてしまうのが宿命なのだ。そんなときに、別の自分の道を見つけて、それに集中するというのは悪いことではないと思う。

二人は、マスメディアとの関係を重視して、都民や県民にわかりやすく政策をアピールできている。すでに政治家として人気があるから、在任中に書いた小説が小ヒットに終わったとしても、それほど目立つことはない。

企業経営の場合も同じで、ある事業分野がうまくいきそうにないと思うような場合には、次の勝てそうな事業分野を探すということは大切だ。そちらでうまく成功することができれば、「すでに新しい柱ができているから、古い事業に関しては時代の流れもあるし、ダメになっても仕方がない」という受け止め方をしてもらえる。

失敗を目立たせないテクニックとしては、英語で言う「グッド・ルーザー」（負けて悪びれない人、ぶつぶつ言わない人）になるという手もある。失敗を恐れずに果敢に戦い、負けても潔い人間だとギャラリーに思ってもらうのである。

たとえば、選挙の場合には、見せ方次第ではグッド・ルーザーになることができる。相手が大物で勝てるわけがないという選挙でも、「国や地域のために出ざるをえなかった」という使命感で出馬する。本当に私利私欲を捨てて、使命感を前面に出せば、グッド・ルーザーとして見てもらえる可能性がある。

ものすごく強い相手に対して挑み続けるのも、グッド・ルーザーとして価値を高める一つの方法と言える。

小泉さんが三回総裁選挙に出た上に、最後に勝ったのは、グッド・ルーザーであり続けることによって、「改革者」「権力に迎合しない」というイメージを植えつけることに成功したからだろう。それゆえに、最初に総裁選で負けたときにも、果敢に戦った敢闘賞的な賞賛をされていた。

このほかにも、ギャラリーの心情に訴えてギャラリーを味方につけるという方法もある。

田中眞紀子さんが涙を流したときも、辻元清美さんが涙を流したときも、応援したいという気持ちになった人は多かったはずだ。日本人の心情には判官びいきのところがあるから、負けた人をかわいそうだと思い、心情的に応援したくなるところがある。このお二人は計算してそうしたわけではないだろうが、結果として同情を集め、何らかの形で復活する道筋を残した。ただ、田中眞紀子さんの最終的な引き際はあまり同情を集めるタイプでなく、失敗のように思えるが。

山一證券の野沢正平元社長の場合も、自主廃業発表の記者会見で自分の非を認め、涙を流したことで、会社をつぶした悪い人だという印象は残らなかったのではないかと思う。賛否両論はあるにせよ、野沢さんはその後も元社員の再就職支援などで頑張っている人として、TVでも取り上げられている。

それに対して、不祥事を起こしておきながら記者たちに向かって「私だって寝ていないんだ!」という言葉を吐いた雪印の元社長に対しては、よい印象が残らなかったはずだ。同じように会社を窮地に追いやった人でもこれだけ印象が違うのだから、負けを目立たせないようにするには、周囲の人の心情に訴えるというのも一つのテクニックと考えてよいのではないかと思う。

第6章

相手の恨みを買わず、勝ちを有効に生かす

✸勝っても恨みを買うと損だと知る

第5章では負けたときの心理学について述べたが、本当は負けたときよりも、勝ったときの心理学のほうがはるかに難しい。人間は勝ったときには驕ってしまったり、油断してしまいがちだからだ。しかも勝ちを維持し続けることというのは、さらに難しい問題だ。

ダイエーにしてもユニクロにしてもソフトバンクにしても、勝っているときというのは負ける気がしなかっただろうが、勝ちを維持し続けることは難しかった。そして、いったん落ち目になると、世間は急速に冷たい目に変わってくる。

これらの企業が調子に乗りすぎていたとまでは言わないが、たとえばダイエーの中内さんにしても、もう少し創業の原点であった「庶民の味方」という姿勢を貫き通していれば、「あんなに頑張ってきたのに、かわいそう」とか「私利私欲もなく、消費者のために流通革命を起こしたのだから、そんなに責めてはいけない」という視点で見てもらえたのではないかと思う。

勢いがありながら驕ることなく、庶民から比較的好感を持たれていた経営者とし

WANTED
$1,000,000

ては、城南電機の宮路年雄社長が挙げられるのではないだろうか。宮路さんが亡くなってからわかったことだが、城南電機もダイエーと同じように多くの借金を抱えていたようだ。しかし、その件がもっと早く発覚していて、厳しい環境にあるということがわかっていたとしても、おそらく世間の人はそれほど悪いイメージを抱かなかったのではないかと思う。大企業の圧力のなかで頑張って安売りをやり抜いたというイメージが強いし、調子がよくても威張ったところがなく、人間的に愛嬌もあったから、「宮路さん、頑張れ」と消費者が味方についていたことだろう。

宮路さんの場合は好感度が高かったので、世間の人から恨みを買うようなことは少なかったはずだ。結果的にそれは勝ち続けるための重要な要素であるし、負けたときに仕返しをされないためのポイントでもある。

勝っているときにあまりにも調子に乗りすぎてしまうと恨みを買ってしまい、落ち目になったときに「ザマーミロ」と思われ、誰も手をさしのべてくれなくなる。鈴木宗男元議員もそんな一人といってよいと思う。勝っているときに驕らず、調子に乗らず、油断せずに頑張ることは、とくに重要なことである。これはイラク戦争勝利宣言後のアメリカの姿を見て最近ますますそう思うようになったことでもある。

顔をつぶさないことの意味

勝っているときに相手から恨みを買わないための最大のポイントは、相手の顔をつぶさないことだ。心理学的にいうと、勝っているときにも相手の「自己愛」を大切にするということである。

「自己愛」というのは、自分を大切にする気持ち、自分がかわいいという気持ちのことだ。誰でも自分のことを大切にしてもらえればうれしいが、大切にしてもらえなければ傷つく。コフートの理論では、人間は自己愛を傷つけられたときに一番怒るとされている。

だから、相手の自己愛を傷つけないことを最大限に意識して戦わなければいけないのだ。相手の自己愛が満たされている状態であれば、こちらが圧勝しているときでも相手は恨みを持つようなことは少ない。

議論の場で、相手に対して人格攻撃をする人がいるが、これは相手の自己愛を最も傷つけるものなので、一番避けなければならないことだ。属人的、属事的という分け方をするならば、属事的には徹底的に叩いてもよいが、属人的には相手の人格を認めたほうがよい。

相手がグッド・ルーザーだということを認めて、相手を讃え、「本当にまぐれで勝っただけです」というような姿勢を示すことも重要だし、「この議論ではたまたま勝ったけれど、それは人間として勝ったわけではなくて、内容で勝っただけです」という態度を貫くことも重要だ。要するに、相手を競争相手としては見るけれど敵と思っているわけではないということを示すのである。

今後も相手とよきライバル関係でいられれば、それはきっと自分の能力を高めることにもつながる。

一番まずいのは、相手の人格をつぶしておきながら、相手の戦力をつぶさないことだ。これでは恨みを残したうえに、相手には戦力が残っていることになる。相手は、こちらに対しての恨みをはらすためにいつか強力なライバルとして復活することがありうる。相手をクビに追い込んだとしても、ライバル会社に移って復活してくるかもしれない。それよりは、飼い殺しにしたほうが確実に戦力を削《そ》ぐことができる。建前上は大切にしながら、相手の力を抑えていくということが最も望ましい戦略と言える。

どうしても相手をつぶさなければいけない場面でも、相手の戦力は徹底的につぶすが、相手の人格はつぶさない。二度と立ち上がれないように戦力を削げばいいのであって、相手の顔や自信をつぶす必要はまったくないのだ。豊臣秀吉の死後に、豊臣家にそれなりの恭順の意を示しながら、外堀・内堀を徐々に埋めていった徳川のやり方というのが賢いやり方と言える。

勝っているときこそ、相手の自己愛を大切にしてあげることを心がけたい。それには、「営業力では勝っているけど、企画力では負けている」とか、「数学では勝っているけど英語では負けている」というように、「自分の得意分野でたまたま勝っているだけで、それ以外の分野ではあなたのほうがすごいところがたくさんある」ということを言ってみるのもよいかもしれない。

ストーカー型人間をどう見抜くか

ストーカー型人間というのは、心理学的に言うと、ボーダーライン・パーソナリティ障害と診断される可能性の強い人たちである。ボーダーライン・パーソナリティというのは、対人関係において、相手の人に対しての「理想化」と「敵視」の両極を繰り返してしまう人たちのことだ。仲がいいときにはものすごくベタベタとしているのに、相手に嫌われたと思うと、急に相手を敵視し始める。縁を切ったり、別れたりすれば、その後執拗に攻撃をしてくるようになる。このように両極にコロッと変わるうえに、感情や衝動のコントロールが悪く、カッとなったり、見境のつかない言動をしてしまうような人たちがボーダーライン・パーソナリティ障害と言われている。

ストーカーにもいろいろなタイプの人がいるから、会ったことのない人間を襲うストーカーもいるが、別れたとたんにコロッと変わるタイプのボーダーライン・パーソナリティの人が多いと言われる。

ストーカー型の人間を見抜けるか見抜けないかというのは、勝負をするうえでは重要な要素の一つになっていると思う。かりに相手がストーカー型の人間であったとすると、ちょっとしたことで恨みを買う可能性は高まるし、逆恨みをされるという恐れもある。こういうタイプの人に対して、相手の人格を傷つけるような攻撃の仕方をしてしまうと、後々いつまでも恨みを持たれて、その対応に無駄な時間を使わなければならなくなる。戦うときには、こちらが調子に乗りすぎないように、とくに気をつけなければいけないタイプの相手だ。

ストーカー型人間は相手を簡単に理想化するようなところがあるから、初対面のときからやたらと馴れ馴れしくしてきたり、ベタベタしたりしてくることが多い。必要以上に自分のことを買いかぶっていると思ったら、気をつけたほうがよいだろう。「なぜこの人は私のことをこれほど好きなのだろうか」と感じるような場合は要注意だ。

もちろん、それが長いあいだの人間関係のなかでお互いを知り尽くした末に親密な関係になったのであればまったく問題がないのだが、それほど会ってもいないし、何度も話しているわけでもないのにそういう関係になったら、ストーカー型人間かもしれないと疑ってみてもよいだろう。仲がよいうちはいいが、後々のリスクをよく考えておかないといけない。男女関係で言えば、出会ったその日のうちに関係を結ぶというようなタイプの異性（男性の場合は、パーソナリティにかかわらず据え膳を食う人がいるから、女性でこのタイプの人のほうが要注意と言えるが）は要注意だ。

ストーカー型人間を見抜くもう一つの方法は、ケンカをしたときの相手の態度をよく見ることだ。その反応に異常さを感じたり、しつこさを感じたりした場合は、あえて戦わないほうがいいかもしれない。逆恨みをしてくる人間に対応するために時間をとるほど無駄なことはないので、ケンカを続けることは避けたほうが望ましい。

議論の中身ではなく、属人的な人格攻撃ばかりを仕掛けてくる人にも気をつけたほうがよいだろう。そういうタイプの人は、ケンカに負けたら、どこで自分の悪口を言うかわからない。イヤな奴だと思っても、やはり変な奴とはケンカはしないことが賢明だ。

もし、運悪くこういうタイプの人からからまれてしまったら、できるだけ冷静に対応しなければいけない。相手の人格攻撃に対して、こちらが感情的になってしまっては、不毛なケンカが長引くだけだ。

ストーカー・タイプの人は、おそらく誰に対しても同じような態度をとるはずだから、周囲の人たちも同じように困っていたり、異常な人だと思っていたりすることがある。そういう人たちが味方になってくれて、「あんな人にからまれてかわいそうに」と思ってもらえる可能性もある。場合によっては周りの人たちが支援してくれることがあるかもしれない。そのためにも、自分が感情的にならずに、冷静になるべくケンカを避けるようにしていったほうが恨みを買う確率は減るはずだ。

いずれにしても、ケンカ相手を選ぶなら、属事的に勝負できる人、中身で勝負しながらも好敵手として尊敬し合える人間とするのが理想と言えるだろう。

負けた相手をどう味方につけるか

ケンカしたときの理想的な形というのは、負けた相手が納得してくれて自分に協力をしてくれることである。どうせケンカをするのであれば、この理想的な形を目指すべきだ。

そのためには、負けた相手を評価してあげ、「相手は負けたけれどもグッド・ルーザーだった」ということを認めていけば、戦いがすがすがしいものになる。スポーツなどの勝負の世界では、お互いの健闘を讃えるという形でよく取られる手法だ。それは、勝者としての自分の人間性を大きく見せることにもつながるものだ。

アメリカの大統領選挙でも、共和党、民主党のそれぞれの予備選挙では、候補者同士がときには人格攻撃も含めて熾烈な戦いを繰り広げるが、戦いが終わると健闘を讃え合い、勝った候補者が負けた候補者を副大統領候補に指名しようとする動きが出てくる。負けた候補者に対して敬意を払うことにもなるから、国民はその大統領候補に人間的大きさを感じる。政治的に見ても、党全体の支持基盤を広げることになるため、負けた候補者を取り込むことは重要だ。とくに、有力なライバルほど四年後の大統領予備選挙で再び敵になることがありうるから、副大統領候補として味方に取り込んでおくことはとても重要になる。

日本でも自民党の総裁選で争った候補者を副総理で処遇しようとすることはある。「私は負けた身ですから」と相手が意地を張ることはあるが、この場合にもうまく取り込むことができれば政権基盤は強化される。

長野県の知事選挙で田中康夫さんが初当選したとき、挨拶まわりの際に田中さんの名刺を折り曲げた県庁の幹部を田中さんが教育長に登用しようとした例がある。

あのとき、田中さんが感情的になって、「こういう人とはいっしょに仕事ができません」と言っていたら、県庁の職員全員を敵に回してしまったかもしれないが、逆に登用をしようとしたことで、マスコミなどのギャラリーは一定の評価をした。少なくとも県庁職員の雰囲気がそれによってガラッと変わったはずだ。単なる壊し屋かと思ったが、思ったよりまともな人間だとか、度量が大きい人間だというふうに見せる効果はあったと思う。

一般的に考えても、どうでもいい敵よりも好敵手だった人のほうが能力が高いはずだから、好敵手を評価して、スカウトすることを見越しながら戦うくらいの余裕があったほうがよい。戦いながら、相手に脅威を感じた部分や、相手の長所をよく

観察しておき、「勝ったあとは、ここを褒めてやろう」と決めておく。そして勝利の後に、「あなたのこの能力が必要だから、あなたがほしいんです」と口説いてみるのだ。

勝ったあとの評価をどう高めるか

日本では、論理的に議論に勝っても、あるポストを巡って正々堂々と争って勝ったとしても、勝ったあとの評価が上がらないということが多い。

だから、勝ったあとの評価をどう高めるかということはとても重要なポイントとなる。むしろ、勝ってからが本当の勝負だ。

「この人は勝っても驕らない人だ」「人格的にもできた人だ」「しかも、ウワサどおりに仕事のできる人だ」と思ってもらえなければ、本当に勝ったことにはならない。

勝ったときには、気をつけなければならないことが二つある。

一つは、威張らないということだ。威張ると、それだけでイヤな人、度量の狭い人に見られてしまう。部長争いや課長争いに勝ったときに威張った態度を見せれば、「ライバルを蹴落としてまで……」と否定的な評価に変わってしまうかもしれない。「あの人は勝ったけれど、負けた○○さんに対する配慮がまったくない。○○さんは相当傷ついたらしい。かわいそうに」というように、勝ってもかえってイヤな奴に見られてしまう可能性がある。

能力だけではなく、人間的にも評価してもらうために、「チームの成績がよかったからオレも何とか部長に引き上げてもらえたが、オレも実力はまだまだだから」とか「あなた方に協力してもらえないととてもやれない」というようなことを言って、周りの協力を取りつける。勝ったことを喜ぶのはかまわないが、驕らずに周りに気を配り、「実はあの人はすごくいい人だ」という評判を立ててもらえるくらいの態度をとらなければいけない。

第1章の冒頭に、勝負の際には、根回しで勝つよりも問題解決能力の高さや議論で競うことが王道だということを述べたが、勝ったあとは、むしろこの根回しが重要になってくる。ビジネスは一人ではできないことが多いから、できるだけ多くの人の協力を取りつけなければならない。根回しは、勝負の前ではなく、勝ったあとにこそ重要なものである。

もう一つの重要な点は、勝ったあとに「この人はやはり仕事ができる人だ」ということを見せることである。仕事そのもので実績を残せないのであれば、いずれは期待が失望に変わってしまう。

選挙でも、社内のポスト争いでも何でもそうだが、勝ったときが一番周りの人に注目をされているときだ。小泉首相も勝利の余韻でブームが続いているうちにガンガンと仕事を進めていけば、いっそう評価は高まっていたはずだ。ギャラリーの注目度が高いときに、いかに結果を出すかということが重要である。

それに加えて、業績を示すときには、周りの人が思っている以上に高く見せないと、評価は上がらない。できるだけ得意な分野で勝負をするという方法も、勝ったあとの業績を高くして、評価を高めるための布石だ。

勝ったあとに仕事ができる人に見せるためには、勝負の前にあらかじめたくさんのシナリオを用意しておくことも大切だ。青島幸男前東京都知事と石原慎太郎東京都知事に対する評価の違いは、シナリオの数の違いではないかと思う。青島前知事は、知事になったばかりのときは都市博中止ですごく頑張っていた。だから当初は評価が高かったが、その後のシナリオがなかったために、評価は急降下した。

石原知事の場合は、銀行に対する外形標準課税をはじめ、ディーゼル車規制、電子都庁、カジノ構想、ホテル税など、次々とアイデアを出し続けている。だから、都民にはすごく実行力がある知事のように見えるわけだ。

勝ったあとに何をやるかというさまざまなシナリオを用意しておき、それを順番に確実にこなしていくということが評価を高めるために必要なことである。有能な人と思われるためには、できることから一つずつ確実に実行していくことである。結局のところは、勝ったあとに何をするかというのが勝負である。大学教授でも、教授になったとたんに仕事をしなくなる人がいるが、こういう教授は評価をされない。社長ポスト争いも、部課長ポスト争いも、みなそのポストに就いて何をやるかを考えたうえで戦う必要がある。

上の人間より下の人間の評価を考えよ

勝ったあとの評価こそが大事なのであれば、勝ったあとは自分がどんなふうに評価されているかということを必ずモニターしないといけない。「なんかイヤな人だね」と言われている可能性もないとは言えないからだ。

とくに、上司よりも部下からどう評価されているかということがポイントとなる。勝ちを持続するには部下の協力が不可欠だからだ。

ところが、たいていの場合は、上の人に引っ張ってもらって部長職や課長職になったことから、上の人にばかり気を遣い、上の人間の評価のほうが気になってしまう。しかし、上ばかりを見て下を見ない人が部下から評価されることはありえない。

勝った人間にひがみを持つのも、悪口をウワサするのもたいていは部下のほうだ。下の人間にどう見られているかということをたえずモニターしておくことが勝ち続けるためには必要だ。

上の人間はいずれ先に辞めていく。下の人間からの評価のほうが長期間にわたって効いてくるものだ。そして、その評価によってビジネスマンとしての生き残りがかかっているのだ。勝ったあとに部下からの評価をどう高めていくかということは、その後のビジネスマン人生にとって、とても重要なポイントといってよいだろう。

あとがき

本書に最後までつきあっていただいて、心より感謝する。

本書を読まれて、どのように感じられただろうか？「思ったより当たり前のことばかりじゃないか」と感じられただろうか？　あるいは、「言われてみればもっともだと思うけど、全部身につけるのはとても無理」と不安にしてしまっただろうか？

私自身のスタンスから言わせてもらうと、この手のハウツー本は指示ではなく、あくまでも提言であり、ヒントである。使えそうなものは使えばいいし、自分に合わないものは無理して使う必要はない。すべてが使える本というのもないだろうし、一つも使えるところのない本というのもまずないだろう。しかし、本書をきっかけに、たった一つでも生き方や心の持ち方を変えることができるのであれば、それだけでも別の未来につながる可能性は高くなるはずだ。少なくとも、負けっぱなしという自分から脱却できれば、生きていくことへの不安はかなり解消するだろう。

ケンカに勝つことはたしかに簡単ではないが、本書で書かれたケンカの理想像をすべて身につけている人も、そう多くはいない。ケンカに強い人というのは、結果的に、自分の長所をよく心得ていて、上手に勝ち、勝ちを目立たせ、負けを目立たなくしているということに過ぎないはずだ。

要するに、本書を通じて一つでも「強み」をつくることができれば、それだけで勝つ可能性が高まるのである。

もちろん、そのためには、自分のパターンがどれに当てはまり、どの部分なら使えそうだと考え、検討することは必要だろう。しかし、これこそが最大のメタ認知のトレーニングであり、それをするだけでも、あなたを一回り「賢い」人間にしてくれるはずである。

ケンカというのはほとんどの場合、何の考えも準備もなく始めて、感情に流されることが大部分であるというのが私の観察である。勝つ、負けるというのは、ほんのわずかな差なのだ。だからこそ、ほんのわずかでも自分を変えることができれば、勝つ確率は飛躍的に高まる。それが自分をできる人間に変えていく。本書で書かれたような「当たり前」のことができないから、みんなが苦労しているというのが真相なのだ。

いずれにせよ、みなさんは今後の人生においてさまざまなシチュエーションでケンカの場面に遭遇することになるだろう。そんな際に、冷静さを失ったり、不安になることなく、本書をちょっと読み返すことで、安心感や冷静さを取り戻し、よりましな戦略や対策を思いつくことができれば、著者として幸甚このうえない。

末筆になるが、本書のような冒険作の企画を社内のケンカに勝って通し、出版にこぎつけるまでの労をとってくださった、長年のケンカのパートナーでもあるPHP研究所学芸出版部の白石泰稔氏、岸知里氏そして加藤貴之氏に、この場を借りて深謝したい。

二〇〇二年八月

和田秀樹

著者紹介
和田秀樹（わだ　ひでき）
1960年、大阪市生まれ。東京大学医学部卒業。東京大学付属病院精神神経科助手、米国カールメニンガー精神医学校国際フェローを経て、現在は精神科医。川崎幸病院精神科コンサルタント。一橋大学経済学部（医療経済学）非常勤講師。心理学をビジネスに応用するシンクタンク、「ヒデキ・ワダ・インスティテュート」代表。「緑鐵受験指導ゼミナール」代表。2003年６月より「和田秀樹の転職予備校」を開校。
主な著書に、『痛快！心理学』『痛快！超勉強学』（以上、集英社インターナショナル）、『〔図解〕和田式・能力倍増ノート』『転職力（共著）』『医者をめざす君たちへ』（以上、ＰＨＰ研究所）、『大人のための勉強法』（ＰＨＰ新書）、『受験は要領』『受験は要領 テクニック編』『まじめすぎる君たちへ』『学力崩壊』『わが子を東大に導く勉強法』『他人の10倍仕事をこなす私の習慣』（以上、ＰＨＰ文庫）など多数。

和田秀樹のホームページ　http://hidekiwada.com

この作品は、2002年10月にＰＨＰ研究所より刊行された『他人に言い負かされないための心理学』を改題したものである。

PHP文庫 大人のケンカ必勝法
論争・心理戦に絶対負けないテクニック

2004年7月20日 第1版第1刷
2006年5月26日 第1版第10刷

著　者　和田秀樹
発行者　江口克彦
発行所　PHP研究所
東京本部 〒102-8331 千代田区三番町3番地10
文庫出版部 ☎03-3239-6259
普及一部 ☎03-3239-6233
京都本部 〒601-8411 京都市南区西九条北ノ内町11
PHP INTERFACE http://www.php.co.jp/

制作協力
組　版　PHPエディターズ・グループ

印刷所
製本所　凸版印刷株式会社

ISBN4-569-66221-8

PHP文庫好評既刊

他人の10倍仕事をこなす私の習慣

和田秀樹 著

精神科医、大学講師、ベンチャー企業経営者であり、かつ年間50冊の著書を出版！その驚くべき生産性を維持する著者の仕事法の秘密。

定価四八〇円
（本体四五七円）
税五％